LE CRITIQUE

JULES JANIN

ET

LE DRAMATURGE

ALEXANDRE DUMAS

A PROPOS DES DEMOISELLES DE SAINT-CYR,
COMÉDIE EN CINQ ACTES.

Extraits du Journal des Débats et de la Presse.

DEUXIÈME ÉDITION,
AUGMENTÉE D'UNE DERNIÈRE LETTRE DE M. J. JANIN.

> N'apprêtons par à rire aux hommes
> En nous disant nos vérités.
> (*Amphitryon*, MOLIÈRE.)

prix : 50 cent.

PARIS

RUE DES PRÊTRES-SAINT-GERMAIN-L'AUXERROIS, 11,
ET CHEZ TOUS LES LIBRAIRES.

1843

Le public qui lit les journaux (sans compter celui qui ne les lit pas), s'est trop vivement préoccupé de la querelle littéraire survenue entre ces deux célébrités de la critique et du théâtre, MM. Jules Janin et Alexandre Dumas, à propos de la trop fameuse comédie des *Demoiselles de Saint-Cyr*, pour que de son côté Dame *librairie* reste là, les bras croisés, et ne s'empresse pas tout au moins d'intervenir.

Dans l'intérêt du public d'abord, de ce public tout puissant et toujours appelé à donner sa sanction ou son blâme quand il s'agit de pareilles questions, dans l'intérêt aussi de cette grande chose qui s'appelle l'Art et que nous ne saurions méconnaître; il importait, que disons-nous, il était indispensable de sauver de l'oubli les pièces vraiment curieuses de cet important procès. C'était donc à une publicité toute nouvelle et plus durable que cette publicité éphémère des journaux quotidiens qu'il fallait avoir recours. Un petit volume renfermant ces trois factums, tous trois si remarquables, et à des titres bien différens, voilà ce qu'il convenait de faire. Voilà ce qu'aujourd'hui nous offrons au public.

Toutefois, et si nous en avions eu le droit, nous aurions désiré pouvoir supprimer, dans les lettres des deux illustres adversaires, certains mots étrangers à la question dramatique, et qui, à cette heure, devraient être oubliés de ceux qui les ont lus, comme de ceux qui les ont écrits.

Poursuivons :

La critique a-t-elle usé ou abusé de ses droits ?

L'auteur *des Demoiselles de Saïnt-Cyr* a voulu en appeler devant le public d'un jugement qui lui semblait sinon injuste, du moins quelque peu sévère.

Et le public jugera en dernier ressort. — *Vox populi, vox Dei*, et, quoiqu'il en arrive, l'Art, soyez en sûr, y gagnera quelque chose. — Grâce au courage d'un homme, de cet homme d'esprit et de cœur qui, tout simplement s'appelait Molière, nous avons eu la *Critique de l'École des Femmes*, et à l'heure qu'il est, cinq cent mille exemplaires de ce chef-d'œuvre ont été vendus.

D'aussi glorieuses destinées attendraient-elles par hasard notre intéressant petit livre ?

— Pourquoi pas.

L'esprit, le style et la raison sont de tous les temps et de tous les pays.

L'Éditeur.

M. Alexandre Dumas, en publiant sa lettre dans *la Presse*, a donné l'autorisation de la reproduire. Quant à M. Jules Janin, nous savons qu'il n'a jamais voulu faire partie de la Société des gens de lettres, et qu'il a certainement trop d'esprit pour vouloir en tarifer la reproduction en nous intentant un procès.

L

Nous tombons de déceptions en déceptions. Pour peu que cette misère continue, il faudra fermer le Théâtre-Français. Voici de grands établissemens bien fondés, qui se meurent, faute d'un peu d'invention, faute d'un peu d'esprit ! A chaque tentative nouvelle, c'est toujours à recommencer. Sisyphe roule sa pierre avec moins d'efforts, les Danaïdes remplissent leur tonneau avec moins de persévérance acharnée ; Tantale tend une main moins avide aux beaux fruits qui échappent à sa main brûlante ! Triste histoire, cependant, que cette histoire du vide, du néant, de la masse informe qui retombe sans fin et sans cesse, emportée dans l'abîme par son propre poids.

On annonçait avec grand bruit *les Demoiselles de Saint-Cyr* ! On disait à l'avance : Vous allez voir, vous allez entendre ; vous allez rire, vous allez apprendre. On nommait l'auteur. L'auteur est un vif et bouillant esprit qui s'est tiré déjà d'affaires plus d'une fois, — singulier problème de la fécondité la plus infatigable et de la stérilité la plus verbeuse, — vive répartie et déclamation languissante, — témérité souvent heureuse : et tout d'un coup, lorsqu'il veut être prudent, ce téméraire se perd et s'abîme dans ses précautions. Avec ces sortes d'inventeurs, qui se souviennent des moindres bons mots recueillis dans les *Anas*, qui copient les scènes les plus connues, qui se contentent souvent des personnages les plus vulgaires, on ne sait à quoi se tenir. Tenez-vous bien sur vos gardes ; car, à la moindre distraction, notre homme va faire de vous une dupe, et comme il rira de vous-même si vous ne dites pas à coupsûr : — Voilà une situation qu'il a prise là, — voilà un bon mot que j'ai lu en tel endroit. — Quant à cette scène, je sais la comédie dans laquelle il l'a prise ; témoin la fameuse scène du *Miroir* dans *le Mariage sous Louis XV*, prise tout entière, et presque mot à mot, dans une comédie oubliée de Marivaux.

Vous allez voir, cette fois encore, que de grands efforts pour arriver au plus mince des résultats ; que de grands noms historiques pour accomplir la plus bourgeoise des comédies ; que de bruit pour rien ; que de peines, que d'embarras, que d'agitations se donne la mouche du coche ! et au bout du chemin, pourquoi faire ? Pour nous raconter une centième fois le joli petit conte de Boccace. Gilette de Narbonne, mariée au comte de Roussillon, qui l'abandonne le jour même de ses noces, et qui cependant a deux fils de sa femme, qu'il finit par reconnaître pour sa femme chérie et légitime : *Hebbene due figliuli, perche egli havutala cara per moglie la tiene.* Déjà de cette nouvelle de Boccace, feu M. Fontan avait fait un vaudeville en trois actes, que le public avait trouvé trop long.

Toujours est-il qu'au premier acte de cette très profane comédie, nous sommes dans cette royale demeure, tout empreinte du génie correct et religieux de Mme de Maintenon. — Saint-Cyr, — ce beau lieu de calme et de repos dont on ne peut parler avec trop de respect ; ce *monastère de Saint-Louis* dont le roi Louis XIV lui-même voulut être le fondateur ! Dans ces murs hospitaliers, par une pensée délicate et fière tout à la fois, Mme de Maintenon avait reuni deux cents jeunes filles, nobles et pauvres (elle se souvenait de sa jeunesse !), *plus à plaindre que toutes les autres quand elles se trouvent sans bien et sans éducation.* Les plus grandes précautions, précautions royales et maternelles, avaient été prises pour que rien ne manquât à l'éducation de ces jeunes filles. Le roi s'était inquiété de leur fortune ; Mme de Maintenon avait écrit de sa main la règle de la maison. Dans cette longue suite de cours, de bâtimens, de jardins, le roi s'était fait bâtir un pavillon, dans lequel furent représentées par les jeunes élèves de Saint-Cyr en présence de toute la cour, l'*Esther* et l'*Athalie*, ces chastes chefs-d'œuvre. Même hier, quand nous nous sommes trouvés transportés, bien malgré nous, dans le pavillon du roi, pour entendre l'égrillarde conversation de Mlle Louise, la fille d'une sous-maîtresse, nous nous rappelions ces beaux vers du prologue :

Du séjour bienheureux de la divinité,
Je descends en ce lieu par la grâce habité,
L'innocence s'y plaît, ma compagne éternelle,
Et n'a point sous les yeux d'asile plus fidèle.

Dans ce fidèle asile, Mlle Louise et Mlle Charlotte n'ont pas d'autre passe-temps que de parler de leurs amours à venir. Louise veut marier Charlotte, par la bonne raison que peut-être pourra-t-elle se marier à son tour. Aussi au premier billet d'amour qui leur arrive, ces demoiselles sont toutes prêtes. Au premier rendez-vous d'amour qu'on leur demande, elles disent *oui*! Elles en diraient bien d'autres. Arrive alors M. de Saint-Hérem, l'ami du duc d'Anjou. Saint-Hérem est un des plus gais compagnons de Versailles. Il est cité pour ses duels, pour sa dépense, pour ses amours, pour ses folies de tout genre, et certes le pavillon de Saint-Cyr doit être bien étonné de servir d'asile à un pareil mécréant. Mais jugez du contre-temps de ce pauvre jeune homme. Au lieu d'une jolie fille qu'il convoitait, il en trouve deux. Louise à côté de Charlotte. — *Ma chère Charlotte*, comme dit la lettre. Voilà certes qui est fort embarrassant : comment faire pour se débarrasser de la petite Louise ? Saint-Hérem met le nez à la fenêtre, et justement, sous la fenêtre de Saint-Cyr, se promène, les bras croisés, notre camarade Duboulloy. Duboulloy de quoi ? Duboulloy de rien. Duboulloy tout court ! Tel qu'il est, ce Duboulloy est l'ami, le camarade, le compagnon, le bon vivant de M. le marquis de Saint-Hérem. Ils sont à *tu* et à *toi*, à pot et à rot, bras dessus, bras dessous. — Oh eh ! Duboulloy ! Duboulloy ! Et cet animal de Duboulloy grimpe par la fenêtre, dans la maison royale de Saint-Cyr. Hop là ! voilà mons Duboulloy installé dans le cabinet du roi Louis XIV. Que ce monsieur ne se gêne pas ! Il peut se coucher dans le lit du roi, si la chose lui plaît.

Quand il tient son Duboulloy, Saint-Hérem n'a rien de plus pressé que de lui dire : — Part à deux ! J'ai à ma disposition deux demoiselles de Saint-Cyr : je te donne la petite. — J'aimerais mieux la grande, répond l'autre. — Tu es bien dégoûté, reprend Saint-Hérem. — Et d'ailleurs ne vas-tu pas te marier ? — Je me marie dans deux heures, s'écrie le manant en tirant sa montre. — Je ne te demande qu'une heure vingt minutes, répond Saint-Hérem, et le tour est fait.

La nuit venue, nos deux innocentes viennent avec la nuit. Ces messieurs et ces dames se rencontrent en tâtonnant. Saint-Hérem et Charlotte vont causer dans le jardin. Du-

boulloy et Louise restent dans le pavillon, et là Duboulloy
jure ses grands dieux qu'il aime Louise, qu'il la veut pour sa
femme, et qu'il est prêt à l'épouser à l'instant même. — C'est
bien ainsi que je l'entends, dit Louise.

En effet, à l'instant le plus dangereux et quand nous pen-
sons tous que les bachelettes n'ont guère plus rien à refuser
à MM. leurs amoureux, — entendez-vous ce grand bruit dans
les jardins? Ce sont des soldats aux gardes qui se présentent
l'épée d'une main, le flambeau de l'autre main. Ces messieurs vous arrêtent bel et bien le Saint-Hérem et le Duboulloy : *Au nom du Roi!*

> C'est lui qui rassembla ces colombes timides
> Eparses en cent lieux, sans secours et sans guides ;
> Pour elles, à sa porte, élevant ce palais,
> Il leur fit trouver l'abondance et la paix.

Que dites-vous du *prœmium*? Certes, il ne manque ni de
gaîté, ni d'un certain entrain : mais en fin de compte, tout
cet esprit-là, pourquoi en badigeonner la maison de Saint-
Cyr? Qui vous empêchait d'écrire en tête de ce joli manus-
crit : La scène se passe *à Pontoise ou à Pantin, dans l'insti-
tution de Mlles Rosalba!* Il y a long-temps que nous vous
prions et supplions de laisser les grands noms de notre histoire, dans leur majesté et dans leur repos.

Au second acte, nos deux héros, Saint-Hérem et Duboulloy, sont déjà revenus de la Bastille. — C'est en revenir un
peu vite, après une si grande offense faite au roi et à Mme de
Maintenon. Mais on a pris ces messieurs par la faim. Duboulloy surtout avait envie de *manger*; c'est son mot. Donc, ils
ont été mariés dans la chapelle même de la Bastille, par le
chapelain de la Bastille. Mme de Maintenon, qui prend la
chose à cœur, a conduit elle-même sa protégée Charlotte à
l'hôtel Saint-Hérem. — Louise est allée toute seule chez son
mari Duboulloy. Rentrés chez eux la tête basse, nos deux
compagnons n'ont rien de plus pressé que de s'emporter de
la plus cruelle façon contre ces malheureuses créatures. C'est
tout-à-fait la scène de Fontan et de Boccace, quand le comte
de Roussillon, marié à la triste Gilette, s'écrie : — « C'est une
indignité ! c'est une infamie ! » Je suis bien peu content de
ce mariage : — *Che mai io non sono di tal maritaggio con-
tento.* « Ainsi, madame, voici votre chambre et voici la
mienne ! » Ceci dit, bonsoir la compagnie ! Saint-Hérem et
son digne Sosie vont se coucher chacun de son côté. A cette
scène inattendue, Charlotte est bien malheureuse. Elle s'at-
tendait à tant d'amour ! Elle aimait si fort cet indigne Saint-

Hérem! Quant à Louise, — Ma foi! dit-elle, mon museau ne plaît pas à M. Duboulloy; tant pis pour lui! à son aise! je ne suis pas pressée. Me voilà bien vêtue, bien logée, bon feu, bon gîte, bon carrosse. — Pour le reste, le reste viendra en temps et lieu. Elle fait une pirouette, et tout est dit. Certes Mme de Maintenon ne se doute guère de la gentille élève qu'elle a faite là!

Ici loin du tumulte, aux devoirs les plus saints,
Tout un peuple naissant est formé par ses mains.

Mais là ne finit pas le second acte. Pour qui prenez-vous donc M. le comte de Moléon, que vous avez déjà entrevu dans le pavillon de Saint-Cyr? Ce comte de Moléon, c'est le duc d'Anjou, le fils de M. le dauphin, le petit-fils du roi Louis XIV, roi d'Espagne sous le nom de Philippe V. Mais, direz-vous, que vient faire en toutes ces espiègleries S. A. R. Mgr le duc d'Anjou? M. le duc d'Anjou, sur le point de devenir roi d'Espagne et d'épouser une princesse de Savoie, veut avant tout rentrer dans la possession de quelques lettres d'amour qu'il a écrites à Mme de Montbazon. A quoi tiennent les monarchies! Si M. le duc d'Anjou n'a pas ses lettres, il renonce à sa couronne des Espagnes; il ne trouvera pas une princesse qui le veuille épouser, — il est perdu. — Voilà pourquoi monseigneur est venu cette nuit même pour relancer Saint-Hérem jusque dans le pavillon du roi à Saint-Cyr, — voilà pourquoi S. A. R. revient elle-même relancer le Saint-Hérem jusque chez lui. — Et mes lettres? — Vos lettres, monseigneur, les voici! — Si la chose n'était pas plus difficile que cela, pourquoi donc M. le duc d'Anjou y attachait-il tant d'importance? Et enfin il faut convenir que Mme de Montbazon est une bien bonne femme de remettre ainsi, à un tiers, des lettres de cette importance. Certes la dame n'avait pas toute cette autorité-là quand le cardinal de Richelieu faisait trancher la tête à son beau-frère, le chevalier de Rohan (1674), il y a juste trente ans de cela; ce qui ne la rajeunit pas.

Quand il a ces lettres qui lui donnaient tant d'inquiétudes, M. le duc d'Anjou s'en va bien content. Maintenant il peut accepter le trône des Espagnes; maintenant il peut poser pour ce beau tableau de Gérard qui est au Louvre; maintenant il peut prendre le deuil de ce roi d'Espagne qui lui a donné en héritage tant de millions d'hommes; car jusque là, par une préoccupation impardonnable, M. le duc d'Anjou a été vêtu des couleurs les plus clairvoyantes, comme un marquis du salon de Célimène; seulement il avait oublié le talon rouge. Exactitude du Théâtre-Français ! Ils sont là trois hommes : un prince du sang , un marquis, un manant : le seul qui porte des talons rouges est justement le seul qui n'ait pas le droit d'en porter, c'est le croquant !

Nos deux amis laissent là leurs deux moitiés, et ils partent pour l'étranger , comme font Joconde et son compagnon ; car il y a beaucoup du Joconde de M. Etienne en tout ceci.

> Joconde, d'une part, regardait l'amitié
> D'un roi puissant et d'ailleurs fort aimable,
> Et d'autre part aussi, sa charmante amitié
> Triomphait d'être inconsolable,
> Et de lui faire des adieux
> A tirer les larmes des yeux.

Au troisième acte, vous le dirai-je? nous sommes en Espagne, à la cour du nouveau roi, Philippe V. Ici, sans trop de prévention, et connaissant l'habileté de l'auteur, — bon ! me suis-je dit, il va nous dédommager enfin de cet imbroglio vulgaire, de ces plaisanteries tant soit peu salées, et mal à leur place. — Je le connais, il est homme à prendre la comédie où il la trouvera ; et, véritablement, quelle amusante comédie toute faite dans les Mémoires de M. le duc de Saint-Simon, quand il nous raconte, avec sa verve goguenarde, les histoires de cette vieille cour des vieux rois de l'Espagne. Que de curieux détails ! que de bons contes ! quelle infinie complication de cérémonies et d'étiquettes ! La comédie est double, en ce sens que M. de Saint-Simon lui-même, lui qui la raconte, en prend sa bonne part au sérieux. Il est nourri, logé, désaltéré, porté dans un carrosse à *quatre mules*. — A peine arrivé à Madrid, il cherche des yeux le duc d'Anjou, non pas, il est vrai, le comte de Moléon, de tout à l'heure, mais enfin le jeune prince, à l'air éveillé, qu'il a connu à Versailles. Hélas ! il n'y a plus de duc d'Anjou ; le malheureux prince n'a que trop obéi au roi, son grand-père, qui lui a dit : *Soyez bon Espagnol!* Déjà il était fort courbé, fort rapetissé, le menton en avant, le visage fort allongé, les pieds tout droits, qui se touchaient, et qui se coupaient en marchant. Il avait l'air si *niais* ! ses paroles étaient si *traînées* ! Il était si mal vêtu ! Le premier ministre était blond, petit, gros, pansu, le visage rouge, avec deux petites mains collées sur son gros ventre. Le roi fit prier le duc de Saint-Simon d'avoir pour agréable que lui, le roi, il ne se découvrit qu'à sa première et à sa dernière révérence. Mais aussi le roi se découvrit, *son chapeau à la hauteur de sa hanche.* Le duc, de son côté, après les six premières paroles, se couvrit *sans que le roi le lui dît.*

La visite à la reine fut plus rude encore. On arrive, on dit : *Madame*, et l'on se couvre tout de suite. Puis, il faut parcourir à genoux et à reculons, je ne sais combien de carreaux en velours, en disant à chaque génuflexion : *A los piès a vuestra excellentia*, pendant que la reine descend de son trône, — et se retrouver encore à genoux à la porte de l'appartement..... C'est une course au carreau, plus difficile encore, pour la bien faire, que la course au clocher.

La visite des infans fut moins pénible : le premier infant dormait, l'infante était au lit, le *maillot* était dans son berceau. Voilà qui est bien. Mais vous savez la *conduite énorme* de Maulevrier, il ne s'est pas couvert, quand l'ambassadeur s'est couvert ! Et puis, comment faire pour primer, sans les déranger, le grand-maître, le capitaine des gardes, le nonce, qui doit avoir son ventre au bras *droit* du fauteuil ? Eh bien ! notre ambassadeur se tire d'affaire en se poussant au haut du bras droit, un peu en travers, de façon à écorner deux places, sans prendre positivement la place de personne. Cela fut d'autant plus habile, que cela fut exécuté en apparence, *niaisement*. Certes, vus de loin, tous ces détails d'étiquette et de monarchie scrupuleuses, pouvaient prêter à la verve comique du même homme, homme qui a tiré si bon parti des sarbacanes, des bilboquets, des échecs de la cour de Henri III. Même à notre avis c'eût été un contraste plein d'intérêt, que de revoir le duc d'Anjou, roi d'Espagne, après que la royauté espagnole eut déteint sur ce beau jeune gentilhomme. Mais non. Pour tirer un parti quelconque de ces merveilleuses histoires, il faut les étudier avec soin, il faut se donner le temps de savoir, de deviner, de comprendre. M. Alexandre Dumas n'a pas le temps d'avoir tout cet esprit-là, et surtout de le mettre en œuvre. Pourvu qu'il place çà et là quelques bons mots bien frappés, pourvu qu'il arrive à des effets ingénieux, dont chacun peut voir les ficelles, que lui fait tont le reste ? Il est vulgaire, il est trivial, son dialogue est terne, sans éclat, sans valeur ; tant mieux donc, sa comédie ne sera que plus facilement comprise. Ainsi ne vous attendez pas à trouver en Espagne un autre homme que S. A. R. le duc d'Anjou, le même duc d'Anjou qui vous est apparu au premier acte. Son Altesse pousse les mêmes soupirs à Madrid qu'à Versailles. Le roi s'ennuie et il donne des fêtes, non pas les fêtes du grave et empesé cérémonial espagnol ; mais des fêtes dignes de la guinguette, dignes de la barrière d'Enfer, où l'on danse toutes sortes de danses. Même ici nous ne comprenons pas que le Théâtre-Français, qui doit avoir de la mémoire, ait fait si bon marché de l'étiquette de la cour d'Espagne. Cette étiquette est partout, dans toutes les histoires, et surtout dans tous les drames.

Dans le *Don Carlos*, de Schiller, — dans le *Ruy-Blas* de M. Victor Hugo, qui prend tant de peine pour vous expliquer le nombre et la position des personnages, les fauteuils, les chaises à dossier, les carreaux, les duègnes, toute la science de la camarera-major. M. Delatouche lui-même, dans sa comédie d'une heure, *la Reine d'Espagne*, n'avait pas manqué de nous apprendre qu'on *grattait* la porte de la reine, et justement, lorsque vous êtes à la tête de tous ces détails infimes du métier du roi poussé jusqu'au pédantisme, jusqu'à la tyrannie, jusqu'à l'absurde, lorsqu'on attend que vous allez en rire aux éclats, justement parce que vos confrères les ont pris au sérieux, pourquoi donc, et de votre autorité privée, les passez-vous sous silence? Dans cette jolie comédie, vous entrez chez le roi d'Espagne aussi facilement que sur la place d'armes, disons mieux, aussi facilement que vous entriez chez Mme de Maintenon au premier acte. Cette fois, il n'est plus question de l'évêque de Cuenca, de l'archevêque de Tolède, du président de Castille, du nonce, des ambassadeurs des têtes couronnées, des conseillers d'État, des grands d'Espagne, du grand-Chambellan, du grand-écuyer, du grand majordome major, des quatre majordomes, des quatre premiers gentilshommes de la chambre, du cardinal Porto-Carreo, et de cette noblesse infinie qui composait la cour d'Espagne ; il ne s'agit plus que de M. de Saint-Hérem et de M. Duboulloy son camarade, l'Astolphe et le Joconde de l'Opéra-Comique de M. Etienne. Toute la maison du roi d'Espagne roule sur ces deux fortes têtes. On ne voit qu'eux, on n'entend qu'eux. Tout roule sur Saint-Hérem, la bouche, les tables, les réceptions, la conduite et le traitement des ambassadeurs, l'ordre et l'ordinaire, la disposition de toutes les fêtes, de tous les spectacles, de tous les rafraîchissemens, les mascarades publiques et particulières du palais, l'autorité, la disposition, les places de toutes les cérémonies, la disposition de tous les logemens et le reste. — A ce compte, si Schiller et M. Hugo ont cru trop dire, M. Alexandre Dumas n'en dit pas assez. Voilà où cela le conduit de vouloir introduire violemment un roi d'Espagne dans cette histoire d'arrière-boutique ! Dans le palais des rois d'Espagne, tel que l'a vu M. Dumas, les choses sont poussées si loin que le roi veut qu'on invite, *à son bal*, deux femmes non présentées ; — deux femmes qui arriveront masquées au milieu de la cour et qui ne diront pas leurs noms. — Madame *quatre étoiles* et madame *trois étoiles*. Ceci dit, l'huissier de garde laissera pas-

ser ces demoiselles. Mais, juste ciel! y pensez-vous? la reine
d'Espagne elle-même ne passerait pas avec ces *étoiles* pour
toute désignation!

Dans cette cour et dans ce bal, les deux demoiselles de
Saint-Cyr (ce sont elles) se conduisent en effet comme se
conduiraient deux duchesses de la rue du Helder. Elles
profitent de la liberté du masque pour enjôler le roi, pour
tourner la tête à Saint-Hérem et à ce butor de Duboulloy.
Peu s'en faut même que ces messieurs et ces dames ne se
prennent par la taille, comme cela se fait, passé deux
heures du matin, au bal masqué de l'Opéra-Comique. Cependant, si l'on ne se prend pas par la taille, on se demande
son petit nom, on se dit son adresse. — Ces dames logent
rue d'Alcantara, n. 15. Numéro 15 est précieux! On ne di-
rait pas mieux au bal masqué de l'Odéon.

Le lendemain (acte IV), le roi d'Espagne, qui a bien re-
tenu l'adresse de ces belles dames, — *rue d'Alcantara*, 15,
arrive lui-même pour faire sa cour. J'espère que c'est pous-
ser un peu loin ce que Saint-Simon appelle les *bagatelles de
l'attention extérieure*. Ces dames, en effet, ressemblent aux
aventurières de Gil Blas. Charlotte, c'est la grande coquette;
Louise joue le rôle de la suivante. Il me semble que nous
sommes entrés, sans le vouloir, chez la belle Catalina, fille
d'un gentilhomme aragonais, qui s'est réunie à la senora
Mancia. *Ces deux dames demeurent ensemble et commencent
à tenir une conduite dont la justice voudra bientôt prendre
connaissance*, comme dit Gil-Blas.

Après le troisième acte qui est insupportable, rien de plus
faux, de plus facile à prévoir, de plus froid que ce quatrième
acte, si ce n'est le cinquième acte. Saint-Hérem, à la vue
de sa *chère Charlotte*, s'est mis à l'aimer comme un fou. Charlotte de son côté, n'a jamais cessé d'aimer Saint-Hérem.
Quant à Louise, elle rit toujours au nez de Duboulloy. De
son côté, le roi d'Espagne, ivre d'amour, propose à Charlotte, non pas de l'épouser, mais d'en faire la plus grande
dame de l'Espagne. Cependant la jalousie de Saint-Hérem
est à son comble. En vain Charlotte lui annonce que son
mariage est cassé, qu'elle n'est plus sa femme, qu'elle veut
être sa maîtresse et un peu celle du roi; Saint-Hérem ne veut
rien entendre, et il ne parle de rien moins que d'insulter le
roi d'Espagne, le petit-fils de Louis XIV, sur son trône, à
Madrid!

Plus on regarde ce qui se passe dans ce drame, plus on
l'écoute, et plus on reste ébahi, incrédule! Ce roi qui court
le guilledou et qui cherche le numéro des rues de sa capi-

tale, — ce mari démarié qui se remet à aimer la femme qu'il a insultée sans motif, ce Dubouloy sans nom, mêlé à toute cette intrigue de cour et de ruelle, — cet oubli complet de tout ce qui est la gaîté, la bonne humeur, la vraisemblance ; ce mépris intrépide pour l'histoire, cette histoire récente qui vivait encore hier ; cette absence complète de sympathie et d'intérêt dans un auditoire que rien n'attache, ce sont là les moindres malheurs de cette composition diffuse, impossible, dans laquelle, de temps à autre, l'auteur, se raccrochant à son esprit, jette toutes sortes de réparties, — du sel qui pétille sur ce charbon mal allumé. — Et d'ailleurs une si vieille histoire ! une si vieille intrigue ! — une chose avec laquelle M. Dumas lui-même a déjà fait sa comédie *Un Mariage sous Louis XV*, *Adolphe et Clara*, pour tout dire. Oui, certes, *Adolphe et Clara*. « De vrais enfantillages ont » produit entre eux mille petites querelles qui ont enfin ame- » né une rupture sérieuse, sans qu'aucun pût reprocher à » l'autre un tort réel. Ils sont venus me prier de les délivrer » de la cause de leurs peines. » Ainsi parle M. de Limbourg. Clara chante : *Jeune fille qu'on marie*, et tout ce que chante en vile prose Mlle Charlotte. Adolphe s'écrie : *Je vais la voir cette femme charmante !* — Ils se regardent ! — ils sont d'une fureur ! Puis elle se calme, elle joue de la harpe : *D'un époux chéri, la tendresse*, etc. — Ils se raccommodent d'a- bord *politiquement*. Puis bientôt leur cœur est agité. Ils chantent : *Dissimulons avec finesse*. — *Cachons lui comme il m'intéresse* ; puis après, les voilà dans les bras l'un de l'au- tre, et tout cela ne fait qu'un petit acte. Un acte à deux per- sonnages, quelque chose de très simple, de très honnête ; l'auteur s'est bien gardé de mêler à sa fable des rois, des mo- narchies, l'Espagne, la France, Mme de Maintenon, Louis XIV, et tout le tremblement de l'histoire. Aussi n'a-t-il fait là qu'un joli petit opéra-comique qui se voit encore avec plaisir depuis tantôt cinquante ans. Pauvre petit poème ingénu, il ne se doutait pas qu'à force de progrès dans l'art dramatique, il en- gendrerait des mélodrames si importans.

Je dis *mélodrame*, car à la dernière scène, le roi insulté par Saint-Hérem, qui lui dit : *Sortons*, brise sa canne *pour ne pas en frapper un gentilhomme* ; Saint-Hérem, pour n'ê- tre pas en reste avec le monarque, brise son épée pour ne pas être exposé à tuer un roi ! La comédie moderne appelle cela corriger *en riant* !

Depuis quelque temps les mots du roi Louis XIV, ces mots tous empreints de sa grace ou de ses grandeurs royales, ne sont pas heureux. On les prend au roi pour les prêter à des gens qui n'ont pas pu, et qui n'ont pas dû les dire, ou bien on les lui fait dire à des gens à qui le roi ne les eût jamais dits. Que le roi lève sa canne sur cet ingrat Lauzun qui lui doit tout, cela se comprend; mais qu'il lève sa canne sur l'ambassadeur d'Espagne (*Molière* de M. *Adolphe* Dumas), l'ambassadeur d'un roi dont la France doit hériter, voilà qui devient absurde. Voulez-vous savoir aussi comment a été arrangé par M. *Alexandre* Dumas le grand mot *plus de Pyrénées*? «Le roi lui annonça: qu'il n'y avait plus de Pyrénées!» lui *annonça* est précieux!

Cependant quand le roi et Saint-Hérem se sont insultés suffisamment, tout s'arrange; Saint-Hérem comprend qu'il est tout simplement un homme absurde en cinq actes; le roi oublie, *l'ami* pardonne, Adolphe emmène Clara, et je ne vois pas pourquoi donc ils ne chanteraient pas le couplet final:

> Que l'amour et que la gaîté
> Règnent dans notre heureux ménage,
> Et nous aurons bien profité
> De la leçon du voyage.

C'est dommage, c'est grand dommage qu'un si bel esprit de tant de verve et d'audace souvent heureuse, un homme si bien disposé pour l'art dramatique, prenne à peine le temps de se demander si ce qu'il veut faire est possible; c'est dommage que cette improvisation ardente, que l'on peut tolérer dans les œuvres de tous les jours, se porte ainsi sur le travail du théâtre, qui doit toujours être un travail sérieux; car au succès de ces sortes d'œuvres presque littéraires, tant d'existences sont attachées! Malgré tant de mépris dont on l'a accablé, le public y porte encore tant d'intérêt, tant de passion! Il arrive là si bien disposé à tout croire, à tout entendre, à tout supporter, hors l'ennui! D'ailleurs, en tout ceci, l'auteur dramatique n'est pas seul à souffrir des légèretés de son art; il a derrière lui un théâtre qui lui demande compte de ses travaux, un théâtre dont les jours sont comptés, dont les heures sont précieuses, — il a à satisfaire d'honnêtes et dévoués comédiens qui usent leur vie, leur mémoire, leurs habits les mieux brodés, leurs plus belles robes de soie, à reproduire des rôles mal faits, à débiter un dialogue inerte, à se jeter entre eux des mots hardis qui ne vont pas loin, car ces bons mots ne savent sur quoi et sur qui retomber et rebondir. Hier encore, à cette comédie mal intitulée: *les Demoiselles de Saint-Cyr*, la patience du public a été grande; son dévouement a été sans bornes, sa patience a été poussée à bout, et cependant le public est resté calme ; bien plus, il a ri quand il devait rire ; bien plus, il a protégé de son silence toute cette comédie insipide, avortée. De leur côté, les comédiens, qui comprenaient toute la difficulté de leur position, ont redoublé d'activité, de zèle, de bonne humeur. Mlle Plessy, élégante, jolie, bien parée, a tiré le meilleur parti possible de ces longues tirades et de ces *riottes* domestiques. Mlle Anaïs, vive, alerte, piquante, provoquante, s'est moquée on ne peut mieux de ce Duboulloy, dont elle fait un baron espagnol. Firmin a été tout ce qu'il pouvait être dans le rôle de ce personnage fatigant et peu avisé qui, après avoir épousé une honnête fille malgré lui, abondonne sa femme violemment ; — et là retrouvant libre, se remet à l'aimer comme un sot. Régnier lui-même, dans cette longue, trop longue plaisanterie de Duboulloy, dont il avait tout le fardeau ; Régnier, forcé de rire de la même plaisanterie pendant cinq actes, a évité un grand péril ; il n'est pas tombé dans la charge. Il est resté dans la ligne difficile qui sépare le comédien du farceur ; or, cette ligne, c'est tout simplement la queue rouge de Jocrisse et de Jeannot.

Je m'arrête, j'ai peur que vous aussi *vous ne me rappeliez à la question*, comme dit Mme Charlotte. — *Sire je vous rappelle à la question!*... à deux pas du grand inquisiteur !

J. J,

(Extrait du *Journal des Débats* du 27 juillet 1843.)

II.

CHER MONSIEUR JANIN (1),

Vous le savez, car j'eus l'honneur de vous l'écrire à l'époque où fut joué *Antony*, j'ai pris la saine habitude de ne jamais lire les journaux qui rendent compte de mes ouvrages ; mais heureusement, ou malheureusement, j'ai de bons amis qui les lisent pour moi, et qui, en vertu de cet axiome napoléonien : « Eveillez-moi pour les mauvaises nouvelles seulement, quant aux bonnes, il sera toujours temps de les apprendre », s'empresseraient, je crois, de m'éveiller à deux heures du matin pour m'annoncer qu'il vient de paraître un feuilleton de vous.

Or, le soir même du jour où votre article sur les *Demoiselles de Saint-Cyr* avait paru, je fus averti de cet événement par trois ou quatre de mes amis , qui m'invitèrent à le lire. — Vous comprendrez leurs instances, vous qui comprenez si bien toutes choses ; elles leur étaient une occasion de me dire du mal de vous, en m'apprenant que vous disiez du mal de moi. C'est une charmante invention que celle des amis, — n'est-ce pas, cher monsieur Janin ?

D'abord, je ne voulus pas le croire, le jeudi n'étant pas le jour de vos exécutions hebdomadaires ; j'avoue même qu'en faisant passer ma pièce le mardi, j'avais un peu compté sur le long intervalle qui devait s'écouler entre ma première représentation et l'analyse que vous êtes chargé d'en faire. Pendant ces cinq jours, pensé-je, le succès se consoliderait. Vous l'avez pensé comme moi, méchant que vous êtes, et vous avez voulu mordre la lime avant qu'elle fût trempée. Ah ! que j'étais un grand niais de ne pas prévoir que mon *ami* Armand Bertin, à défaut du feuilleton, où les *Mystères de Paris* ne vous laissaient pas de place, vous ouvrirait à deux battans la colonne des *variétés*.

(1) La reproduction de cet article n'est point interdite.

Sur l'invitation pressante de mes amis, je me décidai donc à lire votre feuilleton. Mais une difficulté se présentait : je ne reçois pas le *Journal des Débats*; j'ai la haine des cabinets littéraires : pas une des personnes présentes n'avait sur elle le numéro du jour. Je résolus de l'acheter : heureusement le *Journal des Débats* est un journal qui se vend; je n'avais pas fait quatre pas dans le jardin du Palais-Royal, que j'avais mon affaire.

Je m'enfermai dans le cabinet de M. le commissaire royal, et je lus les trois colonnes un quart que vous m'avez fait l'honneur de me consacrer.

Vous comprenez bien, cher monsieur Janin, que si je me livrai à une occupation si fort en dehors de mes habitudes, ce n'était ni pour mon instruction ni pour mon amusement. Je vous connais de longue date et je sais avec quelle merveilleuse légèreté vous portez vos jugemens, J'espérais donc trouver dans celui que vous veniez de rendre contre moi, quelques unes de ces balourdises historiques, quelques unes de ces erreurs d'analyse, quelques uns de ces paradoxes sociaux qui ont fait de vous le critique le plus plaisant de Paris. Je ne m'étais pas trompé et je fus servi à souhait. Heureux abonnés que les abonnés du *Journal des Débats* qui, au lieu d'un feuilleton auquel ils s'attendaient, vont en avoir deux, car je présume que cette fois-ci vous m'honorerez d'une réponse.

Puis, je vous l'avoue, je voudrais mettre ce genre de discussion à la mode. Tout accusé a droit de défense. Les auteurs seuls, pourquoi, je n'en sais rien, ont renoncé à ce droit. Voyez donc comme ce serait curieux pour l'histoire de l'art et amusant pour celle de l'esprit, si Corneille, Racine et Molière eussent répondu au Janin de leur époque comme je réponds au Fréron de nos jours. Bien entendu que je sais et que je reconnais la distance qui sépare les critiques et les poètes de ce temps, des critiques et des poètes du nôtre.

Commençons par le commencement : Vous déplorez dans le *procœmium* de votre article, le mot est de vous; je ne suis pas assez savant, moi, pour me servir de pareils mots — vous déplorez, dis-je, la stérilité d'invention, d'idée et d'esprit qui va amener tout bonnement la fermeture des théâtres. Il y a long-temps que cette stérilité vous touche, vous tourmente, vous poursuit; je le sais et j'en possède la preuve : En 1832, déjà, rappelez-vous-le bien, sans doute agité de ce même sentiment de l'impuissance générale, et honteux de ce qu'il ne se produisait rien de grand dans notre époque, vous résolûtes de vous mettre à l'œuvre, et de joindre l'exemple au précepte, en nous montrant, à nous autres auteurs dramatiques, comment les critiques, quand ils s'en mêlent, font des drames et des comédies. Ah! vous savez déjà ce que je veux dire, n'est-ce pas, cher monsieur Janin, vous devinez qu'il est question de la *Tour de Nesle*.

Cette histoire de la Tour de Nesle a été tant battue, débattue et rebattue, que je n'en soufflerais pas le mot, si ce n'était une occasion de faire connaître l'intention que vous avez eue de faire une bonne action. Les bonnes actions sont rares, et c'est à leur propos qu'on a dit que l'intention était réputée pour le fait. J'espère donc que mes lecteurs me passeront ce rabachage, ne fût-ce aussi qu'en faveur de l'intention.

Vous demeuriez alors rue Madame; vous habitiez une jolie petite mansarde donnant sur un beau jardin; vous étiez l'ami, le commensal du directeur de l'Odéon; je vous voyais-là quelquefois, entre l'homme le plus spirituel de Paris et une des plus belles femmes du monde, riant, causant, bavardant, avec cette verve qui vous caractérise : libre chez eux comme si vous étiez chez vous; n'est-ce pas que c'étaient de bons jours et de belles soirées? n'est-ce pas que plus d'une fois, dans votre splendide appartement de la rue de Tournon, vous vous êtes écrié, comme Sophie Arnoult : « Oh! le bon temps que celui où j'étais si malheureux! »

Aussi à cette époque, n'était-ce pas vous qui vous plaigniez : c'était votre hôte qui se plaignait; c'était lui qui demandait une de ces œuvres fortes, puissantes, caractérisées, qui ébranlent une capitale, qui remuent une génération, qui symbolisent une époque. Les hommes qui produisent de pareilles œuvres sont rares, et il faut, quand on en a besoin, se donner la peine de courir après eux.

Aussi M. Harel prit-il sa lanterne, et nouveau Diogène, se mit-il en quête de celui qui devait être son sauveur; il courut long-temps par les rues de Paris, son falot à la main; toutes ses courses furent inutiles. Que voulez-vous, cher monsieur Janin. le siècle tournait déjà à la stérilité dont vous vous plaignez si amèrement aujourd'hui. Le pauvre directeur commençait donc à se désespérer lorsque tout-à-coup il eut cette lumineuse idée, qu'il avait été chercher bien loin ce qui était bien près; il courut où il savait vous trouver, vous examina avec sa lanterne, en commençant par les pieds et en finissant par la tête, puis arrivé là, il découvrit sur votre visage une ligne dramatique si légère qu'il fallait tout son esprit pour la découvrir, et il s'écria plein de joie : « Voilà mon homme! »

Vous rappelez-vous, cher monsieur Janin, l'histoire de cet

amateur à qui Bériot demandait : — Jouez-vous du violon, monsieur ?... et qui lui répondit : — Je ne sais pas, je n'ai jamais essayé.

Eh bien, Harel vous adressa la même demande à propos du drame qu'il désirait; je ne sais pas si vous eûtes la naïveté de lui faire la même réponse; mais ce que je sais, c'est que vous y travaillâtes deux mois; ce que je sais, c'est que vous écrivîtes trois cents pages; ce que je sais, c'est que le pauvre directeur eut la patience de les lire, et qu'au bout de ces deux mois perdus, et qu'après ces trois cents pages écrites, je vis arriver un matin chez moi notre ami commun, tenant à la main sa lanterne plus allumée et plus brillante que jamais.

N'est-ce pas, cher monsieur Janin, l'aveu soit fait entre nous deux, n'est-ce pas que ce n'est pas chose facile que de faire un drame ?

Eh bien ! ce drame que vous n'aviez pas pu faire, je le fis moi ; il eut même, si je compte juste, quelque chose comme quatre cent quatre-vingts représentations. Il est vrai que dans ce drame, au compte de MM. Hugo et Rosier, qui ont collationné les deux manuscrits, il est resté 230 mots de vous. Aussi je ne doute pas, cher monsieur Janin, que ce ne soit à ces 230 mots qu'il ait dû son long et fructueux succès.

Pardon de m'être arrêté du premier coup et si long-temps dans le vestibule de votre *proœmium*. Mais vraiment, la tentation était trop forte, et je n'ai pas pu y tenir. J'ai pourtant hâte de passer à l'analyse, car l'analyse, c'est votre fort ; et, véritablement, vous battre par votre faible est chose trop facile et trop peu méritoire. Vous connaissez le proverbe espagnol : « Il faut attaquer le taureau par les cornes. » Soyez tranquille, vous avez à faire à un matador qui sait son état et vous ne perdrez rien pour attendre.

Cependant, quelque bonne volonté que j'aie de doubler le pas, il faut que je fasse encore deux petites haltes ; heureusement elles seront courtes : le temps de respirer et de reprendre haleine. Diable ! quand on a affaire à l'Hercule de la critique, il faut bien, comme le pauvre Entée, toucher de temps en temps la terre, ne fût-ce que du bout du pied.

Vous m'accusez d'avoir, dans le *Mariage sous Louis XV*, emprunté la scène du miroir à Marivaux. Ai-je jamais renoncé au droit consacré par Molière, ce roi du théâtre, de prendre mon bien où je le trouve ? Non, que je sache. Seulement, Molière ne s'inquiétait pas même si les auteurs étaient morts ou vivans, il prenait à Cyrano de Bergerac l'adorable plaisanterie de la galère, et c'était, comme le disait Shakespeare, à qui cinquante ans auparavant on faisait le même reproche de piller je ne sais quel auteur : — c'était une fille qu'il tirait de la mauvaise compagnie pour la faire passer dans la bonne.

Puis voilà qu'après avoir réclamé pour Marivaux, vous réclamez pour Boccace ; cette fois, il est vrai, la réclamation est plus grave. A Marivaux je n'avais pris qu'une scène du mariage sous Louis XV, à Boccace j'ai pris la comédie tout entière des *Demoiselles de Saint-Cyr*.

Il s'agit de Gillette de Narbonne, — je copie textuellement votre accusation, cher monsieur Janin, — et j'ai mes raisons pour cela, comme vous allez voir.—Nous autres auteurs dramatiques, nous ne faisons rien inutilement, et nous avons l'habitude de préparer nos effets. Attention !

Il s'agit donc « de Gillette de Narbonne mariée au comte de Roussillon, qui l'abandonne le jour même de ses noces, et qui, cependant, a deux fils de sa femme, qu'il finit par reconnaitre pour sa femme chérie et légitime. — Ecoutez, nous y voilà. — *Hebbene due figliuli perche egli Havutala cara per moglie la tiene.* »

Voyons, cher monsieur Janin, vous qui savez déjà tant de choses, pourquoi essayer de faire croire aux neuf mille abonnés du *Journal des Débats*, et à moi par dessus le marché, pourquoi, dis-je, essayer de nous faire croire encore que vous savez l'italien et que vous lisez tout couramment Boccace dans sa langue maternelle, tandis que vous le lisez dans une mauvaise traduction française, que pour cette solennelle occasion vous vous êtes fait retraduire en italien, par qui? avouez que j'ai mis le doigt dessus, mauvais sujet, par quelque chanteuse de romances.

— Mais la preuve, direz-vous.

La preuve, la voilà, cher monsieur Janin; c'est que vous avez fait dans cette phrase, qui se compose de onze mots, en tout, trois fautes d'orthographe. Rien que cela, voulez-vous que je vous le dise, car si vous le cherchiez vous-même, vous ne le trouveriez probablement pas. Il y a un *h* de trop à *heb-bene* et un *h* de trop à *havutala*. Il est vrai qu'il y a un *o* de moins à *figliuli*. Maintenant faites de vos deux *h* un *o*, cela ne vous est pas difficile à vous qui faites tout ce que vous voulez de la langue; glissez cet *o* entre l'*u* et l'*l* de figliuoli, tenez comme je fais maintenant, et l'on aura plus qu'un reproche à vous adresser, c'est que la phrase en question que vous citez comme de Boccace, n'est pas de Boccace.

Voici la sienne :

E lei abracciò, e bacciò, e per sua legittima moglie rico- *et quegli per suoi figliuoli.*

Voyons, cher monsieur Janin, avez-vous cru sérieusement que Boccace avait si fort veilli, que le moment était venu de le retraduire en italien? en tout cas, permettez que je vous donne un conseil d'ami, si vous continuez cette œuvre si digne d'être encouragée par le ministre, faites revoir les épreuves par la même personne qui vous a déjà revu celles des mémoires de Benvenuto Cellini.

Puis, il y a encore une chose que je ne comprends pas. Comment, vous qui avez déjà eu tant de désagrémens avec l'Italie, avez-vous été vous frotter à l'italien; car, vous vous le rappelez, ce n'est pas votre première erreur à l'endroit de la Toscane, et surtout des Toscans; vous avez marié Cosme Ier avec Bianca Capello (1); vous avez attribué à Rembrandt la vision d'Ezéchiel du divin Sanzio d'Urbin (2); enfin, vous avez fait honneur au doux Léonard de Vinci des trois terribles Parques du terrible Michel Ange (3), peut-être avez-vous oublié toutes ces bévues; mais je vous en réponds les Florentins ne les ont pas oubliées.

Il y en a une surtout, cher monsieur Janin, qui a excité leur hilarité au plus haut point, et celle-là mérite une mention particulière. Vous racontez qu'en allant de Gênes à Lucques, vous avez eu les montagnes à droite et la mer à gauche (4); c'était une si grande innovation en géographie, c'était un si grand bouleversement géologique, que tous les savans ultramontains s'en sont émus. Il y avait de quoi, vous en conviendrez. Depuis six mille ans, à peu près, que Dieu avait eu la fantaisie de créer le monde, les Italiens, de générations en générations, s'étaient habitués, en suivant le même chemin que vous avez fait, à voir, au contraire, les montagnes à gauche et la mer à droite. Mais, comme vous êtes un grand maître et que vous écrivez toutes ces belles choses dans un journal qui a un grand poids, un jour ou l'autre, je n'en doute pas, la transposition sera universellement admise, et les Italiens reconnaîtront qu'ils sont dans leur tort.

Maintenant, passons à l'analyse.

« Au premier acte de cette très profane comédie », pardon si je m'interromps encore, mais mon intention, je vous le jure, n'a jamais été de faire une comédie sacrée, « au premier acte de cette très profane comédie », nous sommes, dites-vous, à Saint-Cyr. M. de Saint-Hérem, amoureux d'une pensionnaire et ayant besoin d'un allié, appelle Dubouloy. — Oh! eh! Du-

(1) *Voyage en Italie*, p. 145.
(2) *Voyage en Italie*, p. 171.
(3) *Voyage en Italie*, p. 172.
(4) *Voyage en Italie*, p. 71.

bouloy, Dubouloy, et cet animal de Dubouloy, dites-vous, grimpe par la fenêtre. »

Pardon, cher monsieur Janin ; mais il m'avait semblé, à moi, qui ai mis la pièce en scène, que c'était par la porte qu'il entrait. Il est vrai qu'au moment où Dubouloy entrait par la porte, vous causiez dans le corridor, avec votre spirituel confrère M. Merle, lequel vous demandait si vous ne feriez pas bientôt une seconde édition de Barnave, édition d'autant plus attendue, qu'il y a long-temps que la préface seule, qui précédait ce beau roman historique qui vous a valu la croix, a fait épuiser jusqu'au dernier volume de la première.

Vous continuez, et vous passez du récit au dialogue. Saint-Hérem, dites-vous, n'a rien de plus pressé que de dire à Dubouloy :

— Part à deux ! J'ai à ma disposition deux demoiselles de Saint-Cyr : je te donne la petite.

— J'aimerais mieux la grande, répond Dubouloy.

— Tu es bien dégoûté, reprend Saint-Hérem ; et d'ailleurs, ne vas-tu pas te marier ?

— Je me marie dans deux heures, s'écrie le manant en tirant sa montre.

— Je ne te demande qu'une heure vingt minutes, répond Saint-Hérem, et le tour est fait.

Pardon, encore une fois, cher monsieur Janin, mais vous n'étiez sans doute pas rentré dans votre loge lorsque les événemens que vous racontez se passaient sur la scène. Il en résulte que, n'ayant pas entendu mon dialogue, vous avez eu la générosité de me prêter le vôtre. Mais quand on prête aux gens, il faut avant tout savoir s'ils sont dans la disposition d'emprunter. Votre dialogue est plein de goût et d'esprit, je l'avoue, mais puisque le mien est tout fait, autant vaut que je le garde. — La reconnaissance n'en subsiste pas moins, soyez-en bien sûr, d'autant plus grande, cher monsieur Janin, que vous tenez absolument à me faire l'aumône, à ce qu'il paraît. Un peu plus loin, vous dialoguez de nouveau ; cette fois-ci, c'est Louise qui parle.

— Ma foi, dit-elle, mon museau ne plaît pas à M. Dubouloy, tant pis pour lui ! A son aise, je ne suis pas bien pressée, me voilà bien vêtue, bien logée, bon feu, bon gîte, bon carrosse ; pour le reste, le reste viendra en temps et lieu. —

Cette prose est encore de vous, cher monsieur Janin ; permettez-moi d'en prévenir le public qui pourrait aller au Théâtre-Français, rien que pour entendre dire dans ma comédie cette jolie phrase, et qui, ne l'y trouvant pas, aurait le droit de se fâcher.

Mais ce qui vous blesse surtout, vous l'homme méticuleux par excellence, vous l'homme des faits, vous l'homme des dates, vous l'homme historique enfin, c'est que Mme de Montbazon soit assez bonne femme pour remettre à un tiers des lettres de l'importance de celles qu'elle remet à Saint-Hérem. « Certes, la dame », je vous cite textuellement, écoutez ceci, messieurs les lecteurs, et ne perdez pas, je vous en supplie, un mot de la citation. « Certes, la dame, dites-vous, » n'avait pas toute cette autorité-là quand le cardinal de » Richelieu faisait trancher la tête à son beau-frère le che- » valier de Rohan (1674). Il y a juste trente ans de cela, ce » qui ne le rajeunit pas. »

Gloire à vous, cher monsieur Janin ! Sur mon honneur, vous êtes un homme unique, inappréciable, inouï ! voici qu'a-près avoir découvert qu'en allant de Gênes à Lucques, on a les montagnes à droite et la mer à gauche ; ce qui est, comme on peut s'en convaincre rien qu'en jetant les yeux sur la carte, une théorie géographique assez nouvelle. — Voilà, dis-je, que vous découvrez maintenant un fait historique pour le moins aussi miraculeux. C'est que le cardinal de Richelieu, trépassé le 4 décembre 1642, a fait trancher la tête au cheva-lier de Rohan, décapité devant la Bastille le 27 novembre 1674, c'est-à-dire trente-deux ans après qu'il eut été enterré. Quel abominable tyran que ce cardinal de Richelieu, et comme il laisse loin de lui le clément Tibère, dont les exécutions ne se prolongeaient que jusqu'au surlendemain de sa mort.

Je comprends, cher monsieur Janin, qu'un homme qui comme vous possède ses faits et ses dates sur le bout du doigt, soit difficile en histoire ; qui sait beaucoup exige beaucoup, et malheur au plus habile élève de l'école des Chartes s'il vous tombait jamais sous la main : il apprendrait du même coup que Smyrne est une île, que Napoléon a débarqué sur le champ de bataille de Cannes, que le passage des Portes-de-Fer est une suite d'arcs de triomphe dressés par les Romains, que la Saône coule de Lyon à Saint-Etienne, votre patrie, que le Rhône passe à Marseille, que les lièvres se terrent, que les perdrix se branchent, et que la chasse à courre s'écrit chasse à *cours*. Toutes choses que vous avez imprimées dans ce mê-me *Journal des Débats*, journal si littéraire, si savant et si sérieux, que ses lecteurs ne se sont pas aperçus jusqu'aujour-d'hui que vous, le sceptique, par excellence, que vous qui rail-lez la création tout entière, vous en êtes arrivé tout douce-ment à vous moquer de vos abonnés.

Continuons. Nous sommes au troisième acte, en Espagne,

à la cour du roi Philippe V. Oh! diable! c'est ici que la critique va devenir sérieuse; gare à moi!

Ici, cher monsieur Janin, vous vous attendiez, à ce qu'il paraît, à voir ce que vous n'avez pas vu et ce que, plus heureux que vous, avait vu le duc de Saint-Simon, c'est-à-dire un roi *fort courbé, fort rapétissé, le menton en avant, le visage fort allongé, les pieds tout droits qui se touchaient et qui se coupaient en marchant,* et vous n'avez, dite-vous, rien aperçu de tout cela?

Je comprends votre désappointement, et la vue d'un pareil roi était assez curieuse pour que vous me gardiez rancune de vous en avoir privé; mais outre que ce fut quelques dix années après l'époque où je le mets en scène que le duc de Saint-Simon vit le roi Philippe V dans ce piteux état, j'avoue que j'avais besoin pour la suite de ma comédie d'un roi assez allègre et assez bien portant pour donner de la jalousie à Saint-Hérem. Votre roi n'était point mon affaire, et en vertu de mes droits de dramaturge je m'en suis privé; il vous reste donc tout entier, et si vous vouliez le prendre pour votre compte, je ne doute pas, cher monsieur Janin, qu'avec ce talent dramatique dont vous m'avez, comme je le disais à mes lecteurs, donné une si grande preuve en 1832, vous n'en fassiez le héros d'une charmante comédie.

Vous avez eu encore une autre espérance, car dans cette malencontreuse soirée toutes vos espérances ont été déçues; c'était de voir à ce roi *courbé, rapetissé, le menton en avant,* etc., etc., un premier ministre, *blond, petit, gros, pansu, le visage rouge, avec deux petites mains collées sur son gros ventre.* Vous aimez les pendans, cher monsieur Janin, et je le comprends, cela fait bien sur une cheminée ou sur une console, un vase isolé perd moitié de sa valeur; et Geoffroy, votre prédécesseur, pensait sur ce point exactement comme vous; mais s'il est facile de rassortir un vase ou un candélabre, il n'est pas si commode, croyez, de se procurer un magot humain dans le genre de celui que vous réclamez. Eh bien, voulez-vous que je vous l'avoue maintenant? Le rôle était fait comme vous le désiriez; malheureusement parmi les cinquante-trois sociétaires et pensionnaires du Théâtre-Français on n'a trouvé personne qui fût digne de le jouer. J'ai songé à Lepeintre jeune, on s'est empressé de lui faire des offres; mais tout a été inutile. Cet entêté de Nestor Roqueplan,—vous connaissez Nestor Roqueplan,—n'a pas voulu le lâcher.

Mais ne pouvant pas voir votre roi *courbé et rapetissé,* vô-

tre premier ministre *blond, gros, petit* et *pansu*, vous espé
riez, dites-vous, voir les courtisans *parcourir à genoux et à
reculons je ne sais combien de carreaux* de velours en disant, à chaque génuflexion : *A los pies à vuestra excellentia*,
pendant que la reine descendait de son trône, et se retrouver
encore à genoux à la porte de l'appartement.

Certes, je ne doute pas, cher monsieur Janin, que dans un
théâtre gymnastique les gracieux exercices indiqués par
vous n'obtiennent un grand succès ; mais sur la scène française, au troisième acte d'une comédie assez gaie et assez
vive jusque-là, vous l'avouez vous-même, au moment où
l'intrigue a besoin de se nouer, peut-être une pareille mise
en scène eût-elle fait languir, sans compter, cher monsieur
Janin, que ce beau velours et ce magnifique satin dont vous
regrettez qu'on y fait emploi, dans une si piètre occasion,
en eussent été indignement froissé, qu'il eût fallu que mes
acteurs changeassent de haut-de-chausses à chaque représentation ou que tout au moins on leur remît des genouillères,
dépense qui eût ruiné le pauvre costumier, aux frais duquel
les costumes se font. Or, cher monsieur Janin, vous ne vou-
driez pas la ruine d'un honnête homme qui n'a commis d'autre crime que d'avoir fourni habit, veste et culotte à un roi
qui n'était pas courbé, qui n'était pas rapetissé, et qui n'avait
pas le menton en avant.

Mais ce n'est pas tout encore, peste ! et je n'en suis pas
quitte de votre tour d'étiquette. Vous regrettez que la fête
que donne M. le duc d'Anjou ne *soit pas une fête grave, em-
pesée et toute selon le cérémonial espagnol.* Hélas ! si vous
eussiez été dans la salle lors de l'exposition de ce malheureux
troisième acte si critiquable, vous eussiez entendu le duc
d'Anjou se plaindre amèrement de ces fêtes qui feraient votre bonheur à vous. C'est pour se reposer de ces bals espa-
gnols qu'il donne un bal à la française. C'est parce que les
murs lourds et massifs de l'Escurial pèsent sur lui comme les
parois d'un sépulcre, qu'il vient respirer l'air pur à Buen-
Resiro, cette petite maison des rois de Madrid. Là, il l'a dit,
il échappera enfin à l'étiquette ; mais vous ne l'avez pas entendu, cher monsieur Janin ; pendant qu'il le disait, vous
causiez dans le corridor avec votre spirituel confrère Charles
Maurice, que vous félicitiez sur sa justice, et qui vous louait
sur votre impartialité.

Mais ce n'est pas le tout de m'attaquer sur mon manque
de convenance, vous attaquez encore ce pauvre Théâtre-
Français qui n'en peu mais. — Car lorsqu'à tort ou à raison,
il me demande des comédies, il faut bien qu'il joue les comé-

dies qu'il m'a demandées. « Nous ne comprenons pas, dites-
» vous, que le Théâtre-Français, qui doit avoir de la mémoire,
» ait fait si bon marché de l'étiquette de la cour d'Espagne ;
» cette étiquette est partout, dans toutes les histoires, et sur-
» tout dans les drames, dans le *Don Carlos* de Schiller, —
» dans le *Ruy-Blas* de M. Victor Hugo, qui prend tant de
» peine pour vous expliquer le nombre et la position des
» personnages, les fauteuils, les chaises à dossier, les car-
» reaux, les duègnes, toute la science de la camera mayor. »

D'abord, cher monsieur Janin, ni *Don Carlos*, ni *Ruy-Blas*
n'ont été joués sur la scène française. *Don Carlos* a été joué
sur le théâtre de Weymar, je crois, et *Ruy-Blas* sur le théâtre de la Renaissance, j'en suis sûr. Vous citez bien encore
la comédie *de la reine d'Espagne, dans laquelle on appre-
nait qu'on grattait aux portes*, comédie qui a été jouée, elle,
rue de Richelieu ; mais comme malgré l'éminent talent de
son auteur, l'un des hommes les plus spirituels du monde,
cette comédie, absorbée par les mêmes détails que vous regrettez de ne pas trouver dans la mienne, n'a été jouée qu'une
fois, et il y a de cela dix ou douze ans, il n'est pas étonnant
que ce pauvre Théâtre-Français, qui n'a qu'un souffleur fort
occupé, depuis cette époque à souffler d'autres ouvrages, ait
quelque peu oublié celui-là.

Cependant, je vous l'avoue, malgré l'air goguenard que
j'affecte, l'un de vos trois reproches m'a été sensible, c'est celui de m'être laissé dépasser dans la science de l'étiquette
par mon ami et confrère Victor Hugo. Certes, personne plus
que moi n'aime et surtout n'admire notre grand poète, que
ne pouvant mordre publiquement au *Journal des Débats*,
— Vous le savez bien, la chose vous est interdite, par autorité supérieure, — vous avez été si souvent l'attendre dans
quelque feuilleton obscur de quelque petit journal ignoré,
pour le mordillonner lorsqu'il passait, espérant que, s'il ne
mourait pas de la blessure, il mourrait du venin. Ce reproche, dis-je, m'a été sensible, parce que j'avais cru, au con-
troire, trouver dans *Ruy-Blas* même, que vous citez, une
absence assez remarquable de l'étiquette. Oui, certes, les
fauteuils sont à leur place, les chaises à dossier à leur numéro ; les duègnes sont à leur poste ; ce qui n'empêche pas,
cher monsieur Janin, que la reine Marie de Neubourg ne soit
amoureuse, de qui ? d'un laquais ! Et qu'au cinquième acte,
la fière Allemande ne se lève de son fauteuil ou de sa chaise
à dossier ne passe par dessus ses carreaux et ne dépiste ses
duègnes pour courir toute seule les rues de sa capitale et pour
aller retrouver son amant dans la petite maison de don Sa-

luste, chose, vous le savez bien, cher monsieur Janin,—vous qui savez si bien l'étiquette de la cour de Madrid, — chose matériellement impossible à une Reine d'Espagne. Ce qui n'empêche pas que le drame de *Ruy-Blas* ne soit un des plus beaux drames qui aient été faits depuis dix ans.

Maintenant, savez-vous ce qui a gâté le Théâtre-Français à l'endroit de l'étiquette? Eh bien! vous allez bondir; — c'est l'habitude de jouer Corneille, Racine et Molière; car n'avez-vous pas remarqué, cher monsieur Janin, que dans les tragédies et les comédies de ces grands maîtres, chacun entre et sort comme s'il était chez soi: Cinna chez Auguste, Osmin chez Acomat, tout Paris chez Célimène, et qu'il n'y a pas un esclave à la porte du palais de l'empereur, un eunuque à la porte du sultan, un laquais à la porte de la belle veuve, pour empêcher d'entrer ceux qui viennent leur faire visite.

C'est que les grands maîtres, cher monsieur Janin, n'ont pas vu que l'art fût dans la manière dont salue un ambassadeur, fût dans la surveillance qu'exerce une duègne, fût dans la place qu'occupe un fauteuil. L'art est plus hautain que vous ne le faites. C'est un noble Patricien de Rome, c'est un fier Hidalgo de Castille, c'est un grand seigneur de France, et quand il trouve sur son chemin quelque pauvre petite barrière plantée par un esclave, un eunuque ou un laquais, il la brise s'il en a le temps, passe pardessus s'il est pressé.

Ah! maintenant voilà que vous êtes pressé comme un Patricien, comme un Hidalgo, comme un grand seigneur, et que vous sautez pardessus le quatrième acte. Mais tout le monde n'a pas des jambes de gentilhomme bonnes à franchir les barrières, cher monsieur Janin, et vous retombez dans ma comédie, au moment, dites-vous, où Charlotte annonce à *M. de Saint-Hérem qu'elle n'est plus sa femme, mais qu'elle veut être sa maîtresse et un peu celle du roi.*

Ce que c'est que de voir le mal partout: personne dans la salle ne s'était aperçu de cette intention chez Charlotte; mais vous êtes un critique si éclairé et si profond, que non seulement rien de ce qui est dans la pièce ne vous échappe, mais encore que vous y voyez ce qui n'y est pas. Ce que c'est que d'être myope.

Mais ce n'est pas tout que d'être myope, vous êtes encore quelque peu sourd. Dans la scène du cinquième acte, où le mari qui se croit outragé, insulte le roi, vous avez entendu Saint-Hérem dire à Philippe: *Sortons!*

Vous n'avez entendu que ce seul mot, parce qu'en ce moment on ouvrait la porte d'une loge. Car en ce moment, cher monsieur Janin, je le sais bien moi qui ne vous ai pas perdu de vue de toute la soirée, car en ce moment, dis-je, vous causiez dans le couloir avec votre spirituel confrère M. Rolle, lequel vous demandait si vous ne faisiez pas, à l'occasion de votre mariage, un petit feuilleton de bout de l'an.

Maintenant, cher monsieur Janin, je ne veux pas aller plus loin que vous n'avez été vous-même, et comme vous en avez fini avec moi, je vais en finir avec vous. Oui, vous aviez raison quand, dans le charmant feuilleton que vous avez fait sur votre propre mort, vous annonciez que vous n'étiez pas trépassé ; quand vous rassuriez les amateurs de tours d'adresse, en leur promettant qu'ils vous verraient reparaître sur votre fil de fer. Oui, tous les lundis, et quelquefois les mardis, vous leur donnez le spectacle de vos souplesses et de vos équilibres. — Mais, prenez garde, cher monsieur Janin, tout en continuant vos exercices acrobatiques, comme vous les appelez vous-même, de toucher, du bout de votre balancier, ceux qui n'auraient qu'à toucher votre corde du bout du doigt pour vous faire rompre le cou.

Et maintenant, à ma première comédie, cher monsieur Janin, car je vous préviens que comme le Théâtre-Français m'attend, me fissiez-vous l'honneur de me répondre, je n'aurais plus, d'ici au jour de la représentation, un seul moment pour m'occuper de vous — avec la plume bien entendu. —

Je suis, cher monsieur Janin, votre très humble et très obéissant serviteur,

A. DUMAS,
Auteur des *Demoiselles de Saint-Cyr*.

29 juillet 1843.

(Extrait du journal *la Presse* du 30 juillet 1843.)

III.

A ce propos, puisque Alcide Toussez ne s'en fâchera pas, pourquoi donc ne répondrais-je pas à une certaine lettre en trois colonnes, du prix de 226 fr., à 50 cent. la ligne, que M. Alexandre Dumas nous a fait l'honneur de nous écrire? *Il paraît qu'il est b...ien en colère le Père Duchesne,* comme disaient les crieurs de 1792. Allons, soit, répondons. Répondons doucement, sans nous fâcher, en homme bien élevé. Cette fois encore M. Dumas verra que l'on peut, que l'on sait lui répondre, sans être un *maladore,* comme il s'appelle lui-même.

Dans cette lettre plus qu'étrange, plus que folle, il s'agit, — vous n'allez pas me croire, — de défendre *unguibus et rostro,* c'est-à-dire, des ongles et du bec, la ci-devant comédie des *Demoiselles de Saint-Cyr.* Vous vous souvenez peut-être que j'ai eu la bonté de consacrer à cette prétendue comédie tout un long et correct chapitre d'une critique nette, vraie et au fond bienveillante, bienveillante en ceci surtout, que je faisais à cette œuvre l'honneur de la prendre au sérieux. Et en ceci j'ai eu grand tort, écoutez plutôt le feuilleton du *National,* parlant des *Demoiselles de Saint-Cyr :*

« Cette comédie ne vaut pas la peine qu'on s'en occupe sérieusement ; s'il fallait appliquer à des écrits de ce goût, de cette futilité et de cette espèce, les soins d'un grave examen, que ferait-on pour les ouvrages dignes d'attention?... Quand l'idée est sans valeur, quand l'invention vaut l'idée, et le style l'invention, l'œuvre déchoit, et vous tombez avec elle dans les bas-fonds de la littérature qui n'est pas littéraire. »

Voilà ce qui s'appelle parler. En même temps, et pour que sa part soit faite à chacun, le critique se moque des niais qui, comme moi, votre serviteur, se sont occupés plus qu'il ne convenait des *Demoiselles de Saint-Cyr* ; il rit à la barbe de ceux qui, à propos de ces deux filles, *ont tiré de leur arsenal les canons et les obus de la critique.* — En effet, sommes-nous assez ridicules pour avoir mis sur pied, si mal à propos, *les gros bataillons de la critique !* Et il ajoute, toujours pour me narguer : *Je n'entre pas en campagne pour si peu!* Véritablement, c'était ce qu'il y avait de mieux à faire, par la raison que dit encore le même critique :

« Que tout ouvrage de théâtre qui ne s'appuie pas de quelque côté, soit sur des mœurs, soit sur des caractères, soit enfin sur l'expression et la forme, appartient *aux choses inférieures*, et mérite d'être relégué *sur les derniers degrés de la hiérarchie littéraire*. On passe à côté, mais sans en prendre grand souci; on le rencontre, mais sans lui donner ces marques d'attention et d'intérêt qui reviennent de droit aux ouvrages de bonne maison! »

Certes, encore une fois, le feuilleton du *National* a raison, et grandement raison. Voyez cependant mon embarras, et comme il est difficile de se tirer de certaines positions! D'une part, on se moque de moi pour *avoir pris trop de souci*, pour avoir *traité trop sérieusement*, pour avoir tiré des *derniers degrés de la hiérarchie littéraire* cette comédie *sans style*, *sans invention*, *sans idée*, pendant que d'autre part l'auteur m'accable des plus grosses, des plus violentes injures, moi et le *Journal des Débats*, parce que nous avons ouvert, *à deux battans*, nos grandes colonnes aux *Demoiselles de Saint-Cyr*. — Les colonnes d'en bas! c'est encore trop bon pour l'*historien des Lorettes*, dit le critique. — Les colonnes d'en haut, à ma comédie, c'est un piége! s'écrie l'*historien des Lorettes*. — Surtout, ajoute un autre mécontent (feuilleton du *Globe*), vous avez eu tort d'ouvrir vos colonnes « *à deux battans!* D'ordinaire on n'ouvre pas les deux battans *à un provincial à gants jaunes, en bottes crottées et non vernies!* » Ainsi me voilà placé entre le trop et le trop peu. L'un m'appelle une dupe, un niais, pour n'avoir pas traité cette comédie comme nous traitons d'ordinaire *le premier vaudeville venu*; l'autre (le poète), l'écume à la bouche, s'emporte et se récrie jusqu'à insulter ses amis. — *C'est une belle invention que celle des amis!* Oui, certes, une belle et sainte invention quand ils ont le courage de l'amitié, — quand ils sont là, près de vous, pour vous dire : — Pas d'emportement, pas de vengeance, pas de scandale, et même dans votre mépris introduisez un peu de pitié.

Mais, direz-vous, vous qui avez lu mon malheureux article sur *les Demoiselles de Saint-Cyr*, — cet article ridicule aux critiques à force d'être sérieux, odieux au poète à force d'être cruel, — il fallait donc qu'en effet M. Alexandre Dumas eût placé toute sa gloire, tout son amour, tout son esprit, toute sa vie à venir sur cette comédie, pour qu'il la défende aujourd'hui avec de si furieux emportemens, en si mauvais termes, en si petit français, avec un si grand courroux! C'était donc là le *consummatum est* de son art, l'*alpha* et l'*oméga* de son génie, le tohu et le bohu de son style et de son esprit? En ce cas-là, Monsieur le critique, vous avez eu tort, vous avez manqué d'indulgence. Si le feuilleton de *la Quotidienne* a raison quand il dit que le public dispense les auteurs de se *mettre en frais d'invention*, M. Dumas n'a fait qu'user de son droit; et puis, êtes-vous bien sûr au moins, c'est *le Courrier Francais* qui le dit, que le talent de M. Dumas *ne soit pas en décadence*, *que ses forces ne soient pas épuisées?* Auquel cas, encore une fois, il eût fallu être plus charitable. Un poète comique doit tenir tout autant à ses dernières comédies, que l'archevêque de Grenade à ses dernières homélies. Mais au moins l'archevêque de Grenade ne se fâche pas de façon à avoir une seconde attaque d'apoplexie : — Adieu, Monsieur Gil Blas, *je vous souhaite toutes sortes de prospérités avec un peu plus de goût!* et tout est dit.

Eh bien ! voilà l'étrange chose, M. Alexandre Dumas, au plus fort de ce bruit, de cette colère, de ces éclats furibonds, joue tout simplement une comédie pour la galerie. Il n'est pas furieux, tant s'en faut, autant qu'il voudrait vous le faire croire. Lui, furieux pour cette création de son génie, lui prendre ainsi fait et cause, avec cette magnifique insolence, pour ces 5 méchans actes, dont il sait aussi bien que nous, le malheureux ! le vide et le néant ! Mais vous ne connaissez pas M. Dumas ! Dieu merci ! il a bien autre chose à faire qu'à s'inquiéter de *l'incroyable négligence de sa pièce*, *de la désolante trivialité de son style*, comme dit le feuilleton du *Commerce* ! — Cette honnête pièce qui a soulevé cette grande tempête dans le journal *la Presse*, cette pièce n'est pas de M. Dumas, elle ne peut pas être de M. Dumas ; ainsi parlent du moins les amis de M. Dumas... ce qui prouverait qu'en effet *l'amitié est une belle invention.* Nous, cependant, qui ne poussons pas si loin l'amitié, nous sommes assez justes et assez bien disposés pour répéter les circonstances atténuantes des *Demoiselles de Saint-Cyr.*

« On affirmait tout haut, dit un homme ordinairement très bien informé, dans le *Constitutionnel,* que c'est là un vaudeville refusé, dont on voit à chaque scène traîner la queue ou passer les oreilles. Nous ne croyons pas à ces vilains propos; il n'est pas possible qu'un homme de la valeur de M. Alexandre Dumas prête son nom à *deux auteurs de bas aloi*, pour *escamoter* une prime au Théâtre-Français ! »

Ceci est écrit mot à mot ! Autre part, dans le feuilleton du *Courrier Français,* on compare M. Dumas « à ces chasseurs » qui emploient les traqueurs, qui n'ont que la peine de » bien ajuster les coups et le mince triomphe de frapper élé-» gamment la bête. »

Dans un autre feuilleton très bien fait, voici ce qu'en dit la *Nation* :

« Si la chronique du foyer n'est pas menteuse, *les Demoiselles de Saint-Cyr* s'appelaient d'abord *les Deux Mousquetaires*, titre qui allait incomparablement mieux à la pièce que le second. *Les Deux Mousquetaires* ayant été présentés et *refusés* au Théâtre des Variétés, les auteurs, nous continuons à répéter la légende du foyer, portèrent la pièce à M. Alexandre Dumas, qui changea le titre, probablement le lieu de la scène, coupa, tailla, rogna, ajouta, remania, saupoudra le tout d'épigrammes, de plaisanteries un peu risquées, et de mots spirituels qui ne lui ont pas beaucoup coûté ; car, à force de prendre leur bien où ils le trouvent, nos auteurs finissent par prendre le bien d'autrui. Puis, tout ce travail de remaniement et d'assaisonnement terminé, le grand arrangeur demanda et obtint la prime (encore *la prime*) ; *les Deux Mousquetaires* firent leur avènement sous le titre beaucoup trop virginal pour le succès et la manière dont il est traité : *les Demoiselles de Saint-Cyr*. »

Le même feuilleton ajoute, car rien ne manque à ces accablantes clameurs :

« Si cette version est exacte, nous ne saurions dire ce que les Variétés ont perdu ; mais nous savons très bien ce que le Théâtre-Français n'a pas gagné.... Malgré l'estompe de M. Dumas, *le Mousquetaire* est resté partout. — Si c'était une gageure, il faut que l'auteur en prenne son parti, il l'a perdue, tout en gagnant la prime (toujours la prime !), *ce qui contribuera peut-être à le consoler !* »

Ainsi parlé-t-on de toutes parts. (Eh ! je suis loin de tout citer, je suis loin de tout transcrire, tant il est vrai que je ne suis pas en colère) ! D'où il suit que lorsque M. Alexandre Dumas, dans sa lettre, s'écrie, à moi parlant : — *Vous connaissez M. Roqueplan ?* non seulement il fait là je ne sais quelle allusion ténébreuse et sans aucune espèce de sens, mais encore il nous met sur la voie d'une réponse. — Connaissez-vous M. Roqueplan, Monsieur Dumas ? Il doit vous connaître, lui ; car vous lui avez vendu cet hiver, au grand détriment du Théâtre des Variétés, deux mauvais vaudevilles, qui eussent fait peut-être deux très bonnes comédies, *Halifax* et le *Mariage au tambour* ! *Halifax* ! quand je pense à ce que j'en ai dit, à cette même place ! quand je pense à la façon bienveillante dont je parlais de M. Dumas à propos du *Mariage au tambour* ! tant je ressentais en moi-même d'intérêt et de pitié pour le vagabondage de ce bel esprit aux abois !

Au fait, la lettre de M. Dumas, cette lettre qu'il *permettait* de reproduire pour rien, ce qui était déjà bien cher, et que personne n'a reproduite, comment se fait-il qu'elle ait paru toute vive dans cet indigne journal ? Par quel hasard ? par

quelle indignité ? par quel guet-apens ? Cela s'est fait tout
simplement parce que, en parlant de cette bonne petite tragédie de *Judith*, j'avais dit : — *Les belles personnes et les
grands poètes n'ont pas d'amis !* Voilà de nos jours ce qu'on
appelle *des injures !* Voilà ce qui vous condamne aux dieux
infernaux ! Belle personne ! grand poète ; on ne vous pardonne pas d'avoir été traités ainsi. Et moi qui ai appelé
M. Alexandre Dumas (dans le feuilleton des *Demoiselles de
Saint-Cyr*) *un si bel esprit, de tant de verve et d'audace
souvent heureuse, — un homme bien disposé pour l'art dramatique !* que les critiques à venir auront peine à s'expliquer la vanité littéraire poussée à ce point d'outrecuidance !
Delirium tremens !

Ainsi cette impétueuse et bavarde colère de M. Dumas, ces
grands noms de Corneille, de Racine, de Molière, invoqués
à propos des *Demoiselles de Saint-Cyr*, le nom redoutable
de Fréron (c'est un nom qu'on me donne quelquefois et que
je ne refuse jamais), avec lequel Voltaire lui-même ne s'est
pas joué impunément, ce scandale public d'un fou qui parle
le langage des halles, tout cela, soyez en sûrs, soyez en sûrs,
c'est de la fausse colère ! c'est un homme qui s'étourdit de
ses grands cris, qui s'anime de ses grands gestes. C'est
Mme la baronne de Pimbêche *qui ne veut pas être liée !* En
effet, si l'on en croit de *si mauvais propos*, vous venez de
voir comment M. Dumas n'a pas fait la pièce en question ;
qu'il y a mis, tout au plus, sa bonne part d'esprit tout fait et
de vieux quolibets ramassés dans les *Anas* ; d'où il suit qu'en
tout état de cause, il est impossible de se passionner à ce
point-là « pour l'œuvre de *deux auteurs de bas aloi*, » comme
dit *le Constitutionnel.* Eh quoi ! défendre avec cette rage et
ces hurlemens « le produit incestueux, » pour nous servir
de l'expression du *Globe*, « le produit incestueux de la col-
» laboration préparatoire de deux vaudevillistes, hommes d'es-
» prit, et de l'incubation subséquente et définitive de
» M. Alexandre Dumas ! » s'emporter comme un portefaix,
pour une comédie « *indigne de la Comédie-Française*, » dit
la France ; pour une intrigue « *assez vulgaire, assez dé-
» cousue, assez inconvenante, et fort peu digne de la Co:
» médie-Française*, » dit *la Quotidienne* ; — prendre la défense à ce point-là « *de trois expositions qui se terminent
» par une scène vulgaire, usée, fausse même dans un mé-
» lodrame*, » ajoute le journal du *Commerce* ; — se déchaî-
ner avec la violence d'un enragé parce que je n'aurai pas
trouvé admirable « ce travestissement continuel des usages
» et de l'esprit du dix-septième siècle ; cette ignorance pro-

» fonde de la langue du grand siècle remplacée par un jar-
» gon rempli de barbarismes modernes et de fautes contre le
» goût et les convenances, » dit *la Gazette de France* ; en
vérité, ce sont là des mystères inexplicables, infinis de l'or-
gueil humain. A la rigueur, on les pourrait expliquer par
l'attachement impitoyable de quelque femme sur le retour,
et stérile, pour un enfant dont elle aura accouché par hasard;
mais se précipiter dans de telles fureurs pour défendre un
enfant qu'on n'a pas fait, pour un méchant bonhomme ra-
chitique, bossu, mal bâti, enfant de trente-six pères, qui
ressemble à tout et qui ne ressemble à personne, voilà, j'espère, qui est la chose incroyable. Mon Dieu ! mon Dieu ! ce
que c'est que de nous !

Encore une fois, quand il s'est tant passionné pour si peu,
il fallait que M. Alexandre Dumas eût une bien grande envie de lancer son écume. J'ai écrit, à propos d'une si mauvaise œuvre bien entendu, peu de critiques plus calmes, plus
vraies, plus nettes. Quand le parterre a ri, j'ai dit qu'il avait
ri. Ai-je rencontré par hasard quelques scènes moins triviales
et moins burlesques que les autres, je l'ai dit avec joie. Je vous
ai raconté (et c'est à ce moment-là surtout que se reconnaît la
bienveillance de la critique) que les comédiens (des figures
de Gavarni, moins le mot, comme disait Charles Froment
dans son journal) jouaient leurs mauvais rôles avec une
verve et un entrain dignes d'une meilleure cause. A coup
sûr, je ne pouvais pas aller plus loin : il faut, avant tout, être
vrai et loyal. Si la peur de ces hâbleries me fait vanter ces
mensonges, ces plagiats, ces barbarismes, qu'on me ramène
aux carrières. Certes je veux bien, en temps et lieu, que la
critique soit humaine, qu'elle loue *Halifax*, qu'elle célèbre le
Mariage au tambour, qu'elle se tire avec habileté de l'a-
nalyse de *Judith*, à la bonne heure; mais quand un homme
de quelque valeur (quoi qu'il fasse pour n'en plus avoir)
vous crie : Voilà une comédie ! pour vous donner, l'instant
d'après, le plus languissant et le plus nauséabond des vaudevilles, à coup sûr il est du devoir de l'homme qui a l'honneur de tenir une plume, de la tenir d'une main ferme. Je
vous assure que le mal littéraire, ce mal qui fait des progrès tous les jours, vient justement des faiblesses et des com-
plaisances de la critique. Elle ne fait pas assez justice de ces
renommées usurpées, elle ne prend pas assez corps à corps
ces gloires menteuses, elle succombe, car enfin on se lasse
de ce travail d'Hercule, sous cet entassement de volumes,
de contes, d'histoires, de drames, de mélodrames, de voya-
ges, de prose, de vers, de fantaisies, de journaux, de lettres,

de préfaces, de chapitres, de revues, et que sais-je, toutes les choses sans forme qu'un pauvre homme peut tirer de son crâne, sans remettre jamais rien dans ce crâne épuisé. Oui, le critique se lasse de voir ces gens-là faire la roue, de les entendre s'abandonner à toutes sortes de hâbleries, de les retrouver partout et toujours, ici et là, en tous lieux, hurlant, criant, déclamant, faisant tapage ; alors, oubliant cette persévérance qui est une partie de son devoir, la critique détourne la tête avec dédain, et elle laisse hurler tous ces grands génies d'un jour, dont les œuvres sont déjà mortes, et qui, dans ces monceaux de livres dont eux-mêmes ils ne sauraient dire le nom, ne laisseront pas une bonne page de prose, pas une idée neuve, pas un proverbe, pas un bon vers!

Oui, la critique se perd et s'est perdue par l'indulgence. Oui, elle s'est laissé dire assez et trop long-temps qu'elle était impuissante, envieuse, méchante par envie, cruelle par impuissance ! Depuis assez long-temps ces mêmes gens, dont la plus grande joie est d'écrire dans les journaux, que vous retrouvez faisant leur métier de bouffons dans toutes les colonnes grandes et petites qui consentent à leur acheter, à prix débattu, leur marchandise peu littéraire, s'attaquent impunément à l'art qui les fait vivre, à la force qui les porte, à la même nourrice, qui leur a donné le pain, le toit, l'habit, le renom. — « J'ai *la saine habitude* de ne jamais lire » les journaux qui rendent compte de mes ouvrages, » dit M. Dumas, et vous le retrouvez au bas de tous les journaux qui veulent accepter de sa prose ! — *J'ai la haine des cabinets littéraires*, ajoute-t-il, — l'ingrat ! comme s'il ne vivait pas du cabinet littéraire, comme si tous ses livres, grands et petits, n'étaient pas faits pour le cabinet, comme s'il pouvait espérer, du train dont il y va, d'autres acheteurs ! — Les journaux, fi donc ! La critique, qu'est-ce donc ?

Ces hommes d'un certain goût, et disons-le, car enfin à quoi sert d'être modeste avec un homme qui ne l'est pas, ces hommes d'un vrai talent, d'un bon style, des écrivains qui iraient se jeter à l'eau si, par un malheur imprévu, ils se trouvaient affublés du style de M. Dumas, ces hommes dévoués à leur art, que le parterre a choisis depuis long-temps déjà pour les représentans de ses justices, à quoi bon de pareils hommes ? Est-ce qu'on s'inquiète de ces obstacles quand on fait de ces œuvres *qui symbolisent une époque* ? pour parler comme M. Dumas ! Encore une fois, la critique a eu grand tort de supporter cette outrecuidance, elle a eu grand tort de ne pas rappeler ces hommes-là, dès le premier jour, à leur devoir et aux respects qui lui sont dus.

A coup sûr, cette lettre fameuse, cette lettre des halles, ce manifeste qu'il m'a bien fallu lire enfin, malgré toute ma vive, profonde et sincère répugnance, pour ces basses œuvres de la critique contemporaine, elle n'a pas été faite contre moi seulement, elle a été écrite contre tous mes confrères. M. Dumas a fait ce jour-là du feuilleton par intimidation. Il s'est dit : — J'ai vingt-quatre heures devant moi (c'était bien son calcul), et il l'avoue *naïvement* (lui naïf), pour épouvanter les critiques du lundi. Je vais être si violent contre celui-ci, je vais lui jeter le peu de boue que je puis ramasser dans mon journal, que, ma foi ! les autres critiques, ses confrères, seront bien hardis s'ils ne trouvent pas ma comédie des *Demoiselles* une comédie excellente. Courage ! plus je serai violent, et plus ils auront peur ! Je me débarrasserai de ceux-ci, puisque je ne me suis pas débarrassé de l'autre. Et voilà pourquoi M. Dumas est arrivé à ce paroxisme.

Quelles violences ! quelles accusations ! Je n'ai pas fait la *Tour de Nesle* ? la belle accusation, le grand crime ! Mais, juste ciel ! m'en suis-je jamais vanté ? En ai-je parlé à qui que ce soit au monde ? Par hasard, ai-je réclamé ma part dans les droits *des auteurs* ? Certes, si la pièce était tombée, nul doute que je n'y eusse été pour une bonne part. On eût dit : C'est lui ! il a été sifflé. Les deux auteurs qui se sont disputés à qui l'a faite, cette malheureuse *Tour de Nesle*, n'auraient-ils plus voulu l'avoir faite ni l'un ni l'autre, et alors la chose retombait sur moi tout à trac. Pourtant je suis bien innocent de ce crime, mon nom même n'a paru en toute cette affaire que le jour où M. Dumas l'a invoqué en temoignage ; seulement, ce jour-là, M. Dumas, plus indulgent, trouvait que *j'avais semé* (mot à mot dans le *Musée des Familles*) à profusion la poudre d'or et de diamant. Mais, encore une fois, je n'ai pas fait la *Tour de Nesle*. Ce n'est pas moi que le tribunal a reconnu pour l'auteur, ce n'est même pas M. Dumas, c'est M. Gaillardet, que M. Dumas, dans son enthousiasme, oubliait de citer, M. Gaillardet, dont le nom *seul* a été maintenu sur l'affiche, le tribunal tolérant tout au plus *trois étoiles* pour M. Dumas. Peut-être même est-ce là la cause pour laquelle M. Alexandre Dumas, voulant réhabiliter autant qu'il était en lui ses trois étoiles, aura introduit Mme la comtesse de *trois étoiles* et Mme la vicomtesse de *quatre étoiles* dans le palais du roi d'Espagne. Les grands effets produits par les petites causes !

Autre injure ! — En ce temps-là, s'écrie M. Dumas, j'habitais une mansarde ; la mansarde joyeuse dominait le jardin du Luxembourg. — Où est le crime ? Mais j'y suis encore dans cette mansarde, mais je me suis élevé deux étages plus haut, j'habite sous le toit, et si libre et si heureux, et si peu disposé à jeter ma poudre d'or à M. Dumas, non pas durant deux mois, ce qui est trop, mais durant *trois jours*, ce qui est trop encore ! Ma pauvre poudre d'or, j'aurais bien mieux fait de la jeter à d'autres moineaux !

Autre crime. M. Dumas a pris mot pour mot à Marivaux cette très jolie scène d'une très jolie comédie (*la Surprise de l'Amour*), la scène du miroir : il lui a pris plusieurs passages entiers du dialogue, et quand, sans vouloir l'offenser, je lui dis poliment :—*Prenez garde, vous en prenez trop* ! il réplique : «C'est mon droit. Ainsi a fait Molière, ainsi a fait Shakespeare.» Quand il *pillait je ne sais quel auteur*, Shakespeare disait *que c'était une fille qu'il tirait de la mauvaise compagnie pour la mettre dans la bonne.* A quoi on peut répondre qu'il est au moins étrange que M. Dumas puise dans les fleurs galantes et suaves de Marivaux, comme Virgile dans le fumier d'Ennius. Au fait, pourquoi ne dirait-on pas dans mille ans d'ici, en parlant de l'auteur d'*Halifax* : « Il puisait souvent à pleines mains dans le fumier de *je ne sais quel auteur* nommé Marivaux ! »

Toutefois, pouvais-je me douter que ma petite indication de l'emprunt fait à Marivaux mettrait si fort en colère l'auteur de *Gaule et France*, le même homme qui a traité M. Augustin Thierry et M. Michelet plus mal encore et d'une façon encore plus inconsidérée qu'il n'a traité Marivaux et ses œuvres ? Mais si M. Dumas avait à ce point-là la rage de répondre, que n'a-t-il répondu à ces deux beaux chapitres de critique du *Journal des Débats*, dans lesquels M. Granier de Cassagnac reprochait à M. Alexandre Dumas, et cela avec une logique si inflexible, d'avoir tiré sa *Gaule* et sa *France* de la Gaule et de la France, ou, si vous aimez mieux, du fumier de M. Michelet, ou fumier de M. Augustin Thierry ? Tant de cris burlesques parce qu'on vous reproche une malheureuse petite scène de comédie, tant de calme et de sang-froid quand on vous prouve les pièces à la main, que vous avez pillé sans vergogne les plus savantes et les plus rares découvertes historiques de ce temps-ci !

Autre injure. — J'ai, dit-il, copié deux lignes d'italien ; j'ai mal mis une *h* à *hebbene*, une *h* à *havutula*. — Me suis-je trompé ? c'est possible ! Je ne suis pas un savant, tant s'en faut. J'ai l'esprit un peu trop prompt, j'ai la tête plus jeune que mon âge ; j'étudie beaucoup, mais vite ; je suis un esprit sain, je le crois, mais capricieux, j'en suis sûr ! Cependant j'ouvre une seconde fois mon édition de Boccace, un très beau livre, je vous assure, non traduit. — *Il Decamérone,* tome II, Londres, 1757, page 112, et je retrouve mes deux *h*, pendant que vous, de votre côté, vous écrivez *ortographe* sans *h*. Tenez, faisons un troc, prenez mon *h*, je vous la donne pour ce qu'elle vaut, et ne criez plus. Ah! quant à l'*o* de *figliuoli*, ma foi, c'est vrai, vous avez raison, je suis battu. — L'*o* y manque, j'en conviens; avouez cependant que c'est se battre pour une petite *s*.

Dans le même passage de cette même lettre je lis une chose plus grave, et que je ne veux pas passer sous silence; je veux parler de l'endroit où il est question de ma *traduction des Mémoires de Benvenuto Cellini*. D'abord je n'ai pas traduit Benvenuto Cellini; je n'ai pas l'habitude d'acheter des livres tout faits pour y mettre mon nom. M. Dumas veut parler sans doute de la traduction excellente de M. Farjasse, qui sait l'italien mieux que lui et mieux que moi. Mais que signifie, je vous prie, ce mot-là : *le ministère! les encouragemens du ministère!* Est-ce à moi que s'adresse un pareil discours? Est-ce bien de vous, Monsieur, que peut arriver une pareille accusation? Est-ce donc moi qui ai publié le *Musée de Florence?* Est-ce moi qui ai proposé la découverte de la Méditerranée par souscription? Est-ce moi qui ai proposé à M. le duc d'Orléans d'écrire *l'Histoire des régimens* de l'armée française? Des encouragemens *du ministre*, à moi! — Et c'est vous qui m'accusez, quand tout à l'heure une partie de la presse vous parlait si haut et si ferme de la prime que vous touchez pour vos comédies? non pas seulement la prime du théâtre, ce qui n'est pas mon affaire, mais justement la prime du ministre de l'intérieur! — Un argent qui brûle les mains! un argent destiné à secourir des vieillards ou des enfans! un argent auquel, il est vrai, j'ai tendu la main encore hier, au nom d'un confrère qui a une femme et des enfans, et qui a tout perdu... Je n'ai pas encore reçu la réponse du ministre, c'est que la prime *des Demoiselles de Saint-Cyr* aura pris tout l'argent dont il pouvait disposer. — Moi, quand j'ai mendié, ç'a toujours été honorablement, j'ai mendié pour les autres. J'en atteste M. Villemain, j'en atteste M. Duchâtel! — Pour ma part, j'estime que lorsqu'un homme peut vivre de son travail, ces sortes de souscriptions que nous appelons des *encouragemens*, même les plus innocens, peuvent déshonorer cet homme. Mieux vaut habiter une mansarde sur le Luxembourg, et laisser à tant de pauvres gens qui en ont si grand besoin, cet argent destiné à ulager tant de misères. Aussi vais-je tête levée quand je vais dans ces ministères, qui savent tant de secrets! Il y a bien aussi dans cette lettre, je ne sais quelle allusion honteuse à des magots, à des postiches, à des pendans, à de la vénalité enfin : mais à ces choses-là, quand on y répond, on répond devant la police correctionnelle, et, par la médaille de Caligula ! ce n'est pas mon intention.

Diable ! et moi qui oubliais mes autres crimes ! De Gênes à Lucques (je revenais peut-être de Lucques à Gênes), j'ai eu des montagnes à ma droite, et la mer à ma gauche (o *figliuoli* avec un *o* !). J'ai marié Côme 1er avec Bianca : si je l'ai fait, j'ai eu tort. Pourtant, dans mon livre, ce mariage est un mariage à huis-clos, un mariage innocent à tout prendre, qui ne compromet pas la gloire et le bon goût de Côme Ier ; pendant que vous, en public, en plein théâtre, devant tous, vous accusez le roi d'Espagne, un jeune et chaste monarque de dix-huit ans à peine, d'être entré dans le lit fané et refroidi de Mme des Ursins, qui avait soixante ans à cette époque ! Quant aux *trois Parques et à la vision d'Ezéchiel*, je m'incline, vous avez raison, j'ai tort ; je les ai cependant bien regardées ! bien admirées ! Mais aussi cela prouve que je ne copie pas mes impressions de voyage dans l'itinéraire de Richard ; que je n'arrange pas à mon usage, même les plus jolis mots de M. le président Desbrosses (à Lucques même); cherchant à comprendre *comment si grande pluie peut tomber dans ce petit pays* ! Sous ce rapport du moins, avouez-le, je suis un voyageur plus original et plus nouveau que vous ne le serez jamais.

Quant à ma croix, pourquoi me la reprocher, vous qui avez une si grande quantité de petites croix que vous les cachez avec votre chapeau quand vous êtes dans le foyer du Théâtre-Français; vous qui pourriez en mettre jusque sur *votre tignasse*, comme disent les *Nouvelles à la Main* ? (Vous connaissez M. Roqueplan ?)

Autres reproches. — J'ai mal écouté la susdite comédie *des Demoiselles*; M. Dumas (cet homme qui ne s'inquiète pas des journaux plus que de ça...) *ne m'a pas perdu de vue un seul instant* durant toute la représentation.—Je suis myope; eh ! tant mieux pour ce qu'on nous montre.—Je suis sourd; plût au ciel pour ce qu'on nous dit. Crime horrible ! j'ai prêté à M. Dumas des phrases qu'il n'a pas faites; il devrait me remercier de ne pas avoir puisé à pleines mains « ses barbarismes et ses naïvetés de tous genres. » —Voyez quelle injustice ! j'ai fait entrer Duboulloy par la fenêtre et je l'ai fait sortir par la porte, pendant que ce même Duboulloy entre au contraire par la porte, mais pour sortir par la fenêtre.— J'ai dit que Smyrne était une île, ce qui ne prouve pas que la comédie de **M.** Dumas soit une comédie. J'ai dit que Napoléon était débarqué à Cannes ; Napoléon, ça regarde M. Dumas : il en a fait un mélodrame, il en a fait une histoire, il en a fait une préface qui ne vaut pas, sous tous les rapports, la préface de *Barnave*. — Je n'ai pas dit, ici même, que **M.** Hugo avait tort de faire de **Ruy-Blas** un laquais : mais, au contraire, je l'ai dit. — Le mot *sortons*, l'épée brisée, la canne brisée, **M.** Dumas défend toutes ces rares beautés dans sa lettre, il les biffe dans sa pièce. — Et *j'ai fait passer* la Saône à Saint-Etienne, ma patrie, d'autres disent le Rhône. Et plût au ciel que je pusse vous faire un pareil présent, ô mes concitoyens, bien que j'y perdisse mon petit droit de propriétaire d'un petit côté de notre fleuve unique, *le Furens!*

Tels étaient les argumens, telles les violences par lesquels **M.** Alexandre Dumas s'est imaginé mettre un bâillon à la critique de ce temps-ci. — Je vais leur faire peur ! se disait-il ; eux cependant, sans même se douter de la frénésie incroyable de cet inventeur aux abois, lui disaient les plus cruelles vérités et les plus justes. J'en pourrais citer un gros tome. — En voici quelques passages pris au hasard :

« C'est, en style de mousquetaire, *une partie carée.* — Le projet de Mlle Louise est *le plus impudent et le moins honnête du monde, c'est un de ces guet-apens qui se dénouent en police correctionnelle, quand ils ne se dénoncent pas en Cour d'assises.* — Vaudeville égrillard à la façon de ceux que l'on risque au Palais-Royal. »
(La Nation.)

« L'histoire y est traitée avec un mépris fort condamnable, nous dirions même avec *une ignorance impardonnable ;* — des aventures amoureuses *qui seraient tout au plus vraisemblables dans une de ces maisons qui ne sont pas destinées à l'éducation de ces jeunes demoiselles,* — *monstrueuse impossibilité,* — *tissu d'invraisemblances et d'impossibilités,* — *l'intérêt ne s'attache à personne, les événemens et les personnages historiques y sont défigurés à plaisir.* » *(La Quotidienne.)*

« L'auteur l'a *pris sur le ton que l'Opéra-Comique a pris autrefois avec le couvent des Visitandines.* — Ici se place une de ces scènes musquées (le bal du roi) qui font partie du *magasin de tous les théâtres.* Elle ne sert à rien et n'apprend rien à personne. — *Cette œuvre est peu digne d'attention, elle procède de Gilette de Narbonne, d'Adolphe et Clara ;* nous souhaiterions plus d'urbanité dans le langage. »
(Le Constitutionnel.)

Et ceci qu'il faut lire dans le même feuilleton :

« La cupidité et le trafic ont remplacé toutes les autres pensées. — *Les auteurs dégradent leur nom et leur talent à l'encan d'une prime !*» (La prime revient toujours.)

Il faudrait citer tout le feuilleton du *Commerce.* Le critique se moque, à bon droit, des phrases de Deboulloy :

« Quand il a faim, *il faut qu'il mange*; c'est bizarre, mais c'est comme cela. — On lui apporte un poulet et *une bouteille de bordeaux*. Il avale le poulet. (Textuel.) *Moyens usés sur la scène de la Porte-Saint-Martin.* »

Ceci dit, le même critique se raille tout à l'aise de cette *vérité du costumier et du décorateur*, de ces tailleurs d'habits, de ces *exhumeurs de sarbacanes*, de cette *fabrication de mannequins*, de ces *grands noms historiques cousus à des conceptions vulgaires.* — Puis enfin il déplore la *trivialité du style*, si la critique n'y prend garde et n'oppose à ce *laisser-aller une résistance efficace.*

Voulez-vous des barbarismes? en voici. Duboulloy parle d'une charge de *gobelotier*; le gobelotier, ou plutôt gobeletier, toujours l'o de *fligliuoli*, est un homme qui fait des gobelets. — On parle d'un homme *impressionné* (dix-septième siècle!). — Le roi dit au duc d'Harcourt : « N'oubliez pas, mon cher duc, que c'est à minuit précis qu'on se met à table. » — Les dames disent ceci : « Il faut remercier le sort *qu'on nous trouve* bonnes à quelque chose. » — Il m'a fait *une scène!* — *Je ne le connais que depuis hier, ce Monsieur.* — Les hommes *adorent nous faire pleurer.* — Puis *le National* ajoute :

« Où est l'invention de tout cela, où est l'idée, où est la pensée? — Ne vous semble-t-il pas avoir parcouru cent fois toutes ces routes et tous ces sentiers qui n'aboutissent qu'au vide? »

Il parle aussi de la déclamation *vide, flasque et monotone* que M. Dumas prête à l'amour de Saint-Hérem. Lisez aussi ce portrait si bien tracé (dans le même journal) :

« ..... Ces gens qu'on appelle dans le monde des plaisans de société; c'est une espèce en général sans goût, sans manières, sans esprit véritable, sans distinction; on s'en amuse cependant, mais comment s'en amuse-t-on? en éprouvant je ne sais quelle répugnance pour leur personne; ils retirent peu d'honneur et d'estime de la récréation qu'ils procurent, et dans le rire qu'ils vous arrachent il y a toujours un fond caché du plus profond dédain. Eh bien! pour moi (c'est toujours le critique qui parle), les comédies sans invention, sans idées, remplissent précisément l'office de ces mauvais plaisans. — J'ai hâte que cela finisse; il me semble que je suis aux prises avec un de ces farceurs qui n'ont dans leur sac que des plaisanteries de mauvais ton pour servir de passe-port à l'inanité de leur cerveau! »   (*Le National* du lundi 31 juillet.)

Est-ce donc assez net? est-ce assez clair? Et la conclusion de ce vif et mordant chapitre du critique : « M. Scribe avait » introduit le Gymnase au Théâtre-Français, M. Dumas » vient d'y introduire le théâtre du Palais-Royal. Ne déses-

» pérons de rien, nous irons jusqu'aux *Folies-Dramati-*
» *ques!* »

Et enfin, pourquoi ne pas nous mettre aussi à l'abri de
l'impartiale et sévère justice de M. Théodore Anne? Est-il
assez indigné? est-il assez incisif? Son passage sur le plagiat
et sur les injustices de la collaboration est-il assez complet?

« Si Walter Scott n'avait pas raconté l'histoire de *la Fille du
Chirurgien* dans les *Chroniques de la Canongate*, M. Dumas aurait-il
fait le prologue de *Richard d'Arlington*? Aurait-il fait la pièce sans
MM. Dinaux? M. Dumas prend la responsabilité de ses œuvres;
mais tout ce qu'il a écrit est-il bien de lui? Aux Variétés, quand il
a apporté *Kean*, n'a-t-on pas été forcé de faire retoucher cet ouvrage par M. Théaulon? Pourquoi le nom de M. Théaulon ne figure-
t-il pas sur l'affiche? M. Alexandre Dumas a fait quelques drames
avec M. Anicet Bourgeois, *et, par une bizarrerie inconcevable, toutes
les fois qu'il y a eu succès, on a nommé M. Dumas seul, et lorsqu'il y
a eu doute ou chute, c'est M. Anicet Bourgeois qui a été sacrifié.*
Pourquoi cela? Aujourd'hui ne donne-t-on pas à M. Dumas deux
collaborateurs pour *les Demoiselles de Saint-Cyr*, auteurs connus
aussi par d'honorables succès? Si cela es, *pourquoi leurs noms ne
figurent-ils pas à côté de celui de M. Dumas? M. Dumas peut-il tra-
vailler seul?* qu'il le fasse; mais, s'il lui faut le concours d'autres
auteurs, est-il juste de les déshériter de leur part de gloire? »

Je m'arrête! je ne veux pas sortir des justes bornes que
M. Dumas a si tristement franchies, sans provocation, sans
nécessité, et qui, plus est, sans talent, et sans une indignation véritable. J'ai ramassé assez de preuves contre la comédie de M. Dumas; quant à lui, je ne veux pas *le prendre
par les cornes*, pour me servir de sa belle expression. Il
a été sans retenue dans ses violences envers moi, moi je le
ménage, moi je lui pardonne. En effet, quand je vois où en
est venu cet esprit qui donnait tant de promesses, cette in-
telligence autrefois si active et si vive, cette imagination na-
guère encore puissante et passionnée; quand je le vois rester
ainsi perdu, éperdu, suspendu, haletant au beau milieu d'un
journal qui s'affuble du haut en bas de cette prose incolore,
de ces colères redondantes, vous pouvez m'en croire, je res-
sens en moi-même plus de pitié que d'indignation, plus de
chagrin que de mépris.

Toujours est-il, soit dit sans feinte, que maître Alcide
Tousez est fort amusant et fort jovial l'épée à la main; et,
pour le reste, rassurez-vous, tous les gens qu'il a tués se
portent bien. J. J.

(Extrait du *Journal des Débats* du 7 août 1843.)

IV.

. . . .
. . . .

Depuis tantôt quinze grands jours, ceci soit dit à propos
du cimetière d'Hamlet, depuis notre réponse à la lettre que
nous avait écrite M. Alexandre Dumas, je ne sais quelle fer-
mentation étrange agite et trouble les deux camps littéraires.
On nous aborde, on nous questionne. — Où en est donc votre
grande querelle? D'autre part, on se parle tout bas : Cela ne
peut finir qu'avec du sang! Chacun fait son petit vœu dans
sa grande ame. — Que ne suis-je délivré de ce maussade
qui ne m'a jamais loué sans restriction ! — Et moi donc, que
ne suis-je débarrassé de cet esprit infatigable qui vous a fait
ses cinq actes de drame ou de comédie avant même que je
n'aie trouvé le sujet de ma comédie, le titre de mon drame !
Ainsi l'on s'agite, ainsi l'on murmure : c'est tout à fait comme
dans la tragédie de M. Lemercier :

Qu'il tarde à s'expliquer! — Qu'il est lent à mourir!

Pour répondre à tous ces bruits mêlés de si agréables espérances, nous sommes bien forcés de vous dire comment
et pourquoi cette querelle, toute littéraire dans le principe,
n'a pas franchi les bornes littéraires. Certes, de part et d'autre l'irritation avait été assez vive; la provocation de celui-ci
avait été trop directe, la réponse de celui-là trop violente,
pour qu'en effet ceux qui attendaient les résultats sanglans de
cette double irritation, n'eussent beaucoup à espérer. Si même
il faut tout vous dire (j'en demande ici pardon à M. le procu-
reur du roi) le jour avait été choisi, le rendez-vous était pris,
l'heure, le lieu, — un très joli endroit; — tout était arrêté...
Vous n'aviez plus qu'à retenir vos places, vous tous qui for-
mez la galerie naturelle de ces sortes de luttes ; et, pour vous

arracher quelques bravos, chacun de nous eût fait de son mieux.

Malheureusement, en ces sortes d'accidens, on ne fait pas toujours ce qu'on veut faire. D'abord on s'irrite, on s'emporte; on ne veut que du sang, on se figure son adversaire déjà mort, mort pour amuser quelques oisifs !... Oui, mais après les premières colères, il arrive souvent qu'à la première rencontre des deux ennemis, ils cherchent en vain, dans leur ame, cette haine qui les poussait.—Plus de haine ! — Déjà toute cette colère a fait silence. Rien qu'à se voir, on se rappelle les amitiés passées, les travaux nombreux, les services rendus. On se tient compte l'un l'autre des irritations, des cruantés que la vie littéraire entraîne avec elle... On était venu pour se battre, on est bien prêt à tout oublier.

Telle a été ma position avec M. Alexandre Dumas, lorsque, pour la première fois depuis sa lettre et depuis ma réponse, nous nous sommes rencontrés, lui et moi. Je compris tout de suite, en me rappelant sa vie utile et laborieuse, ses succès sans nombre, sa popularité méritée, les promesses qu'il a tenues et celles qu'il saura tenir ; je compris qu'il m'était impossible de ne pas déplorer toutes ces colères. Sans nul doute j'aurais voulu effacer toute la peine qu'il m'avait causée ; mais surtout j'aurais voulu effacer tout le mal que je lui avais fait. Ces sortes de violences ne sont pas encore dans mon ame ; elles ne sont pas dans mon esprit. Je sais très bien, tout en maintenant pleins et entiers les droits de la critique, que l'urbanité est un de ses devoirs. Mais qui donc reste toujours le maître de ses emportemens? Qui donc est assez fort pour ne pas suivre son adversaire sur le terrain que l'adversaire a choisi? M. Alexandre Dumas lui-même, quand l'autre jour il mettait le pied sur le domaine brûlant de la critique, n'a-t-il pas montré tout le premier combien il est facile de franchir la limite imperceptible qui sépare la défense naturelle, légitime, des cruautés et des vengeances que l'on regrette plus tard? Ainsi je pensais, et en même temps je sentais revenir, avec mon ancienne amitié, tous mes bons sentimens d'autrefois. — Je ne puis vous dire ce qui se passait dans l'ame de M. Alexandre Dumas; mais, à coup sûr, autant que moi, il comprenait, en le déplorant, le mal inutile que s'étaient fait ces ennemis d'une heure, et surtout la grande joie qu'ils avaient causée à leurs ennemis de tous les jours. Nos témoins cependant, quatre hommes d'honneur, à qui nos amis et nos ennemis peuvent s'en rapporter également, préparaient toutes choses pour le combat du lendemain, pendant que lui et moi nous marchions à côté l'un de l'autre, d'un pas aussi calme, d'un cœur aussi tranquille que si nous eussions été en chemin pour nous promener sur le bord de l'eau, en parlant d'art et de poésie. *Tendens Venafranos in agros.*

Que vous dirai-je? Lui et moi satisfaits de cette explication silencieuse, nous nous sommes donné la main, sans renoncer toutefois à ce que nous regardions l'un et l'autre comme une nécessité de la position que nous nous étions faite, — une réparation à main armée. C'était désormais l'affaire de nos témoins.

Mais nos témoins n'ont pas voulu que la réparation allât plus loin que la colère. Ils n'ont pas voulu faire du duel, qui est aujourd'hui plus que jamais une chose sérieuse, une vaine parade. Ils ont réservé à chacun des deux adversaires le droit qui lui appartient : — au critique le droit de dire en toute liberté d'esprit et de conscience : *Ceci est mauvais!* au poète le droit de défendre son œuvre, mais de la défendre à armes courtoises quand elle est attaquée à armes courtoises ; surtout ils lui ont réservé en son entier ce beau droit, illustre, excellent entre tous, — le droit des poètes! — le droit de faire de belles œuvres, si belles que les critiques, et même les injustes, — s'il en est, soient forcés les premiers d'admirer et d'applaudir.

Telle est cette histoire. Je vous la raconte parce que j'ai l'habitude de vous tout dire. Me voilà forcé maintenant, plus que jamais, d'être sévère pour les œuvres de M. Alexandre Dumas. Lui cependant, s'il veut prendre sa revanche, la revanche ne lui manquera pas. Dans quelques années sans doute, M. Alexandre Dumas sera membre de l'Académie-Française, eh bien! qu'il attende. Peut-être un beau matin verra-t-il arriver chez lui son féroce adversaire qui lui dira : —Il me manque une voix pour en avoir trois ou quatre, donnez-moi la vôtre! Lui alors, si en effet le critique a fait son devoir jusqu'à la fin, s'il a courageusement défendu, contre chacun et contre tous, contre M. Alexandre Dumas lui-même, les hommes et les choses historiques, il sera sûr d'emporter la voix, non pas peut-être de l'auteur des *Demoiselles de Saint-Cyr*, mais de l'auteur de *Henri III*, de *Charles VII*, de *Christine à Fontainebleau.*　　　　　　　　　　**J. J.**

(Extrait du *Journal des Débats*, du 21 août 1843.)

POSTFACE.

Voici enfin un dénouement à cette charmante parade. Le spirituel critique du *Journal des Débats*, comme l'appelle M. Alexandre Dumas, s'est chargé, dans son feuilleton consacré en partie à M. Eugène Delacroix, d'apprendre au public comment les choses se sont arrangées. Et palsambleu! cela commençait à devenir furieusement inquiétant pour ce bon public parisien. — Il était temps, plus que temps; quelques jours de plus, et je ne sais trop s'il n'y aurait pas eu émeute dans la capitale. On s'en allait partout se demandant: « Eh! bien, savez-vous où en sont les choses? — Se tuent-ils, ou ne se tuent-ils pas? — Bah! vous croyez qu'ils en viendront à cette déplorable extrémité? — Quel malheur, disaient les uns, si l'un des deux allait être tué! — Allons donc, rassurez-vous, disaient les autres, ils partent pour la Belgique, ils vont à Liége, et les balles de Liége ne sont pas dangereuses. — En êtes-vous bien sûrs? — C'est comme nous avons l'honneur de vous le dire. — Vous nous le certifiez, ces balles-là ne sont pas dangereuses?

Eh! bien, ma foi, tant mieux qu'il en soit ainsi, et vous m'ôtez un poids de deux cent cinquante kilogrammes de dessus l'estomac; il eût été cruel de voir deux hommes d'esprit et de cœur s'entre-tuer pour un simple mot imprimé dans une feuille publique. » Et puis les langues allaient, allaient, allaient... c'était à qui ferait les histoires, les suppositions les plus amusantes, les plus impossibles.

Mais aujourd'hui que nous sommes rassurés, aujourd'hui que nous savons à quoi nous en tenir, puisque tout est fini, et fini pour le mieux, disons-le franchement, *ce quatrième acte* s'est fait trop attendre.

D'habitude le public n'est pas patient, *c'est là son moindre défaut*. Et quand l'entr'acte se prolonge par trop, il siffle, et quelquefois casse les banquettes : ceci soit dit en passant. Mais pour cette fois, nous n'avons pas eu à déplorer de semblables malheurs, —et c'est tant mieux. Aussi la pièce a pu aller jusqu'à la fin ; les auteurs se sont embrassés, et le public ému a crié bis.

Imprimerie Lange Lévy et comp., rue du Croissant, 16.

www.ingramcontent.com/pod-product-compliance
Lightning Source LLC
LaVergne TN
LVHW022213080426
835511LV00008B/1741